Fuß | Die Toten Hosen. 100 Seiten

✱ Reclam 100 Seiten ✱

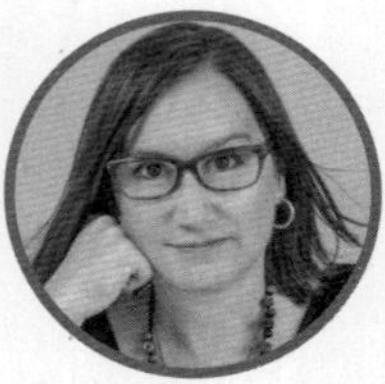

BIRGIT FUSS, geb. 1972, führte 1993 für die *Hamburger Morgenpost* ihr erstes Interview mit den Toten Hosen. Sie ist seit über 20 Jahren Redakteurin beim deutschen *Rolling Stone*. »Entscheidend ist«, sagt Campino über Birgit Fuß, »du weißt, dass sie über sehr viele Jahre deinen Werdegang verstanden hat.« Zuletzt erschien von ihr bei Reclam *Jim Morrison. 100 Seiten*. Mehr unter: www.birgitfuss.de.

Birgit Fuß

Die Toten Hosen. 100 Seiten

RECLAM

2022 Philipp Reclam jun. Verlag GmbH,
Siemensstraße 32, 71254 Ditzingen
Umschlaggestaltung: Philipp Reclam jun. Verlag GmbH
nach einem Konzept von zero-media.net
Icon/Knochenadler-Logo: © JKP Jochens Kleine Plattenfirma GmbH & Co. KG
Infografik (S. 52 f.): annodare GmbH, Agentur für Marketing
Bildnachweis: S. 3: © Bastian Bochinski / JKP Jochens Kleine Plattenfirma GmbH & Co. KG; S. 16: © IMAGO / Votos-Roland Owsnitzki; S. 23: © Gregor Fischer / JKP Jochens Kleine Plattenfirma GmbH & Co. KG; S. 44: © WENN Rights Ltd / Alamy Stock Foto; S. 49: © GABO / JKP Jochens Kleine Plattenfirma GmbH & Co. KG; S. 82: Flickr.com / Montecruz Foto / CC-BY-SA-2.0; S. 87: Flickr.com / Montecruz Foto / CC-BY-SA-2.0; S. 99: © GABO / JKP Jochens Kleine Plattenfirma GmbH & Co. KG; Autorinnenfoto: © Friederike Göckeler
Druck und Bindung: Eberl & Koesel GmbH & Co. KG,
Am Buchweg 1, 87452 Altusried-Krugzell
Printed in Germany 2022
RECLAM ist eine eingetragene Marke
der Philipp Reclam jun. GmbH & Co. KG, Stuttgart
ISBN 978-3-15-020586-0

Auch als E-Book erhältlich

www.reclam.de

Für mehr Informationen zur 100-Seiten-Reihe:
www.reclam.de/100Seiten

Inhalt

1 »1000 gute Gründe«: Prolog
7 »All die ganzen Jahre«: Eine erstaunliche Karriere
27 »Wir sind bereit«: Die Plattenfirma
35 »Das Wort zum Sonntag«: Die soziale Komponente
47 »Auswärtsspiel«: Der Sport
55 »Kauf mich!«: Die Diskographie
80 »Tage wie diese«: Das Live-Spektakel – mit einem Ausflug nach Südamerika
93 »Nichts bleibt für die Ewigkeit«: Gegenwart und Zukunft
100 Zeittafel: 40 Jahre Die Toten Hosen

Im Anhang Lektüretipps

»1000 gute Gründe«: Prolog

Meine erste Begegnung mit den Toten Hosen war nicht besonders vielversprechend. Im Mai 1993 wollte ich gerade das Hamburger Büro der Plattenfirma Virgin Music betreten, als mir eine Kollegin von einer anderen Tageszeitung entgegenkam. Sie hatte Tränen in den Augen und raunte mir zu, die Band sei total fies. In dem Moment entschied ich, Campino und Andi lieber nicht zu erzählen, dass ich bei der *Hamburger Morgenpost* nur Praktikantin war und bisher wenig Berührungspunkte mit den Toten Hosen hatte. Ich betrat das Interview-Zimmer und sagte zur Begrüßung: »Ich hoffe, ihr habt noch Lust zu reden.« Darauf Andi: »Wenn du keine blöden Fragen stellst, schon.« Ich befürchte, meine Fragen waren damals nicht sehr schlau, aber es hat wohl gereicht, und ich hatte mich immerhin gut vorbereitet. Oft schlagen Interesse und Neugier dann eben doch die sogenannte Erfahrung. (Da ich damals mit 21 ungefähr wie 12 aussah und bei Aufregung immer sehr rotbackig wurde, ahnten sie womöglich bald, es nicht mit einer routinierten Redakteurin zu tun zu haben.)

Seitdem trafen wir uns immer wieder, anfangs zu praktisch jedem Konzert in Hamburg, manchmal auch in Bremerhaven oder Hannover, zu jedem Album sowieso. Es wurde zu einer schönen Tradition, dass Campino zur neuesten Veröffentlichung meist einen handgeschriebenen Brief beilegte. Das hörte erst auf, als er 2004 Vater wurde und wahrscheinlich noch Besseres zu tun hatte.

Als sie 2018 in der Berliner Waldbühne spielten, schenkten sie mir kurz vorm Konzert als Dank für die jahrelange Berichterstattung eine Platin-Schallplatte von *Laune der Natur*, und wir sprachen ein bisschen über früher. In den Neunzigern, meinte ich, wart ihr ja unglaublich fleißig – da haben wir uns zu jedem Gig und jeder Platte getroffen, und ich war ja nur bei einer kleinen Boulevardzeitung. Wenn ich das hochrechne auf all die anderen Journalist:innen, müsst ihr irre viele Interviews gegeben haben … Campino guckte mich an, als zweifelte er an meinem Verstand, aber dann musste er lachen. »Wir haben ja nicht wahllos mit allen so viel gequatscht, sondern eben gern mit dir.« Oh, okay. Das nur, um ein bisschen anzugeben. Nein, ich meine, um zu sagen: Meine Geschichte mit den Toten Hosen geht lange zurück und ist eine interessante Mischung aus der professionellen Distanz, die es zwischen Presse und Musiker:innen immer gibt (und geben sollte, weil beiden Parteien bewusst sein muss, dass es um einen gegenseitigen Nutzen geht), und einer Wertschätzung, die nahe an Freundschaft grenzt. Wenn wir uns sehen, ist es wie mit Schulkamerad:innen: Man weiß gegenseitig vielleicht nicht viel über den Alltag oder andere wichtige Aspekte des Lebens, aber man fühlt sich in der Gesellschaft wohl, weil sie so vertraut ist. Die Stimmen der einzelnen Bandmitglieder kann ich aus jedem Aftershowparty-Gedrängel raushören. Außer der von Kuddel vielleicht, der hält sich immer so zurück. (Keine unangenehme Eigenschaft – und gerade bei Gitarristen nicht sehr verbreitet.)

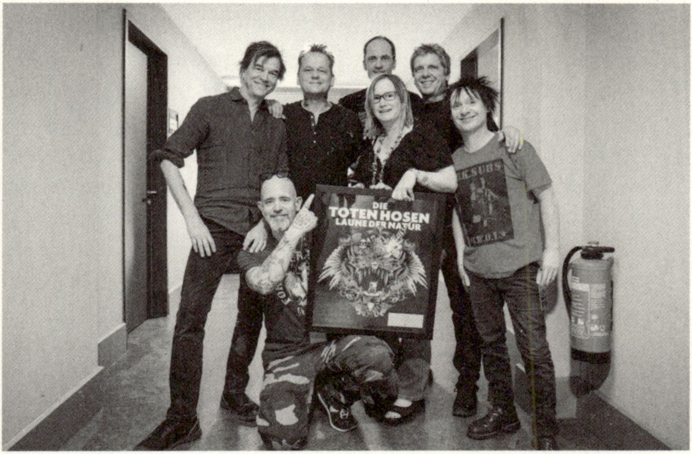

Platin-Platten-Übergabe v. l. n. r.: Campino, JKP-Geschäftsführer Patrick Orth, Kuddel, Breiti, Birgit Fuß, Andi, Vom

Während ich anfangs also wenig über die Toten Hosen wusste, wurde mir im Laufe der Jahre immer klarer, warum diese Band so unglaublich erfolgreich geworden ist, weit über Deutschland hinaus. Dazu gehört nicht nur Talent und viel Glück, sondern enormer Ehrgeiz und Fleiß. In der Hinsicht waren sie weder Punks noch Hippies, obwohl in dieser besonderen Karriere beide Bereiche eine Rolle spielen. Sie denken bei den Hosen nicht an Flowerpower? Warten Sie ab. Die Liebe-Freiheit-Sinnsuche der Hippies und die No-Future-Attitüde der Punks sind ja nur scheinbare Widersprüche, fragen Sie Patti Smith. Vor allem aber war Andi, Breiti, Campino und Kuddel, erst mit Trini Trimpop, dann mit Wölli, schließlich mit Vom, immer an einem gelegen: Dass es nicht irgendwann nur noch ums Business geht, so wichtig das war und ist. Sie sind niemals zu reinen Geschäftspartnern verkommen, mehr als 18 Millionen verkauften Tonträgern zum Trotz. Dass sie nie den Spaß am Feiern verloren haben, zeichnet sie ebenso aus wie die Loyalität ihrem Umfeld gegenüber. Bei den Toten Hosen ging und geht es immer um mehr als Musik: Sie stehen auch für eine Haltung. Mir imponiert, wie sie sich um ihre Freunde herum ein kleines Imperium aufgebaut haben, in dem sie alle Fäden in der Hand halten. Dass sie gleichzeitig Kontrollfreaks sind, die nicht lockerlassen können, gehört da zum Gesamtpaket. Auch nach 28 Jahren muss ich ihnen ihre Zitate zum »Absegnen« schicken – und tröste mich mit dem Gedanken, dass es kein Zeichen mangelnden Vertrauens ist, sondern sie das zur Beruhigung einfach brauchen. Immerhin haben sie in all der Zeit niemals Passagen gestrichen und stets nur Kleinigkeiten geändert – das unterscheidet sie von einigen anderen großen deutschen Musiker:innen. Wenn sie etwas sagen, dann stehen sie dazu.

Begeben wir uns also auf eine (bei 40 Jahren natürlich komprimierte) Reise in den Kosmos der Toten Hosen – oder wie wir aus pragmatischen Gründen meistens sagen: »der Hosen« oder noch knapper »DTH«. Der Bandname ist, anders als die Musiker, nicht sehr gut gealtert. Dass sie bei ihrem ersten Konzert (im Schlachthof in Bremen) als »Die Toten Hasen« angekündigt wurden, hätte ihnen eine Warnung sein sollen, aber nun, es waren die Achtziger. Die Flowerpornoes oder Die Krupps würden sich heute wahrscheinlich auch anders entscheiden. Und bei den Hosen stand damals noch »Die Pariser« zur Auswahl, lassen Sie uns also zufrieden sein. Bei Um-die-60-Jährigen wirkt es zudem vielleicht etwas schräg, immer noch von »Campino« und »Kuddel« zu sprechen, doch das hat

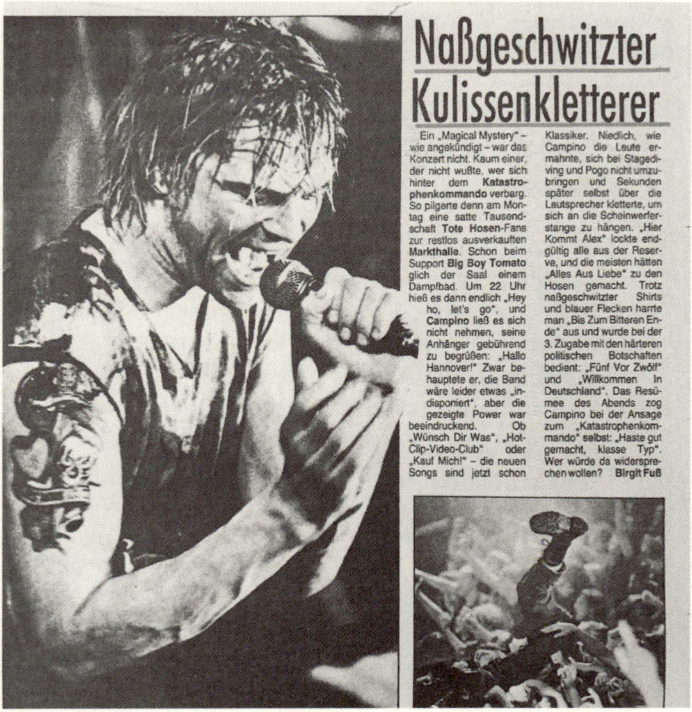

Naßgeschwitzter Kulissenkletterer

Ein „Magical Mystery“ – wie angekündigt – war das Konzert nicht. Kaum einer, der nicht wußte, wer sich hinter dem **Katastrophenkommando** verbarg. So pilgerte denn am Montag eine satte Tausendschaft **Tote Hosen**-Fans zur restlos ausverkauften **Markthalle**. Schon beim Support **Big Boy Tomato** glich der Saal einem Dampfbad. Um 22 Uhr hieß es dann endlich „Hey ho, let's go“, und **Campino** ließ es sich nicht nehmen, seine Anhänger gebührend zu begrüßen: „Hallo Hannover!“ Zwar behauptete er, die Band wäre leider etwas „indisponiert“, aber die gezeigte Power war beeindruckend. Ob „Wünsch Dir Was“, „Hot-Clip-Video-Club“ oder „Kauf Mich!“ – die neuen Songs sind jetzt schon Klassiker. Niedlich, wie Campino die Leute ermahnte, sich bei Stagediving und Pogo nicht umzubringen und Sekunden später selbst über die Lautsprecher kletterte, um sich an die Scheinwerferstange zu hängen. „Hier Kommt Alex“ lockte endgültig alle aus der Reserve, und die meisten hätten „Alles Aus Liebe“ zu den Hosen gemacht. Trotz naßgeschwitzter Shirts und blauer Flecken harrte man „Bis Zum Bitteren Ende“ aus und wurde bei der 3. Zugabe mit den härteren politischen Botschaften bedient: „Fünf Vor Zwölf“ und „Willkommen In Deutschland“. Das Resümee des Abends zog Campino bei der Ansage zum „Katastrophenkommando“ selbst: „Haste gut gemacht, klasse Typ“. Wer würde da widersprechen wollen? **Birgit Fuß**

Erstes DTH-Konzert der Autorin, im Juni 1993 in der *Hamburger Morgenpost* beschrieben

seine Berechtigung: Wenn drei Bandmitglieder Andreas heißen, braucht es Spitznamen. Und nach Jahrzehnten der Gewöhnung ist es einfach nicht mehr möglich, von »Breiti« auf »Michael« umzuschalten – in einer Welt, in der einer der allergrößten Rockstars Bono heißt, kein ernsthaftes Problem.

Dass im Folgenden häufiger von Campino die Rede ist als von den anderen, hat übrigens nicht nur damit zu tun, dass Sänger immer eine exponierte Position in einer Band haben. Bei all den Interviews war häufiger mal Andi dabei, seltener mal Breiti, der ohnehin sehr vorsichtig ist: Als ich einmal für eine Titelgeschichte alle zu Hause besuchte, öffnete er nur sein Arbeitszimmer, der Rest sollte bitte privat bleiben – was verständlich ist. In Campinos Wohnzimmer war es allerdings immer sehr gemütlich, und irgendwann konnte ich sogar Kuddel und Vom zum Reden überreden. Dennoch hat Campino immer den Großteil der Pressearbeit übernommen. Von ihm wissen wir also einfach mehr als von den anderen – und ich habe den Verdacht, dass das denen auch ganz recht ist so.

»All die ganzen Jahre«: Eine erstaunliche Karriere

Es ist eine klassische Aufstiegsgeschichte: Aus dilettantischen Punks, die bei ihrer Gründung 1982 kaum ihre Instrumente halten konnten, wurde schnell eine hocheffiziente Band von Perfektionisten, die sich nun manchmal selbst für zu »krampfig« halten. Allerdings gelang es den Toten Hosen mit ihrer Energie und ihrem Ehrgeiz, eine der größten deutschen Rockbands überhaupt zu werden. Dabei ging es alles andere als vielversprechend los. Eigentlich war Punk schon vorbei, als Die Toten Hosen damit anfingen. Im New Yorker Club CBGB's, wo die Ramones, Johnny Thunders oder The Dead Boys den Sound geprägt hatten, dominierten 1982 bereits New-Wave-Bands das Programm. In Großbritannien hatten sich die Sex Pistols längst aufgelöst, The Clash gelang mit *Combat Rock* zwar noch ein Meisterwerk, aber die Band zersetzte sich bereits. Bunte, recht harmlose Popmusik schien das neue Ding zu sein. Was von den paar wilden Jahren geblieben war: sehr viele grandiose Singles – und das Gefühl, dass *Do It Yourself* tatsächlich funktionieren kann. Dass man kein Instrument beherrschen muss, um es einfach trotzdem zu spielen. Den Mythos, dass diese Rebellion aus der Arbeiterklasse kommen muss, konnten die Hosen allerdings nicht bedienen. Die Bandmitglieder wuchsen recht beschaulich auf – Campino, am 22. Juni 1962 in Düsseldorf geboren, in einer Doppelhaushälfte in Mettmann-Metzkausen. Er heißt eigentlich Andreas Frege, aber Andreas nennt ihn seit mehr als 40 Jahren niemand mehr – »nur noch das Finanzamt, die Polizei und meine Familie«, wie er in seinem Buch *Hope Street* schreibt (2020, mehr dazu im Kapitel »Der Sport«). Seine Mutter war Britin, sie gab ihm die Liebe zu England mit auf den Weg (und sagte über sein Äußeres früher gern den Satz »It's such a shame!«). Über seinen Vater erzählt er: »Er war zwanzig, als er aus dem Straßengraben in Polen schrieb. Mit zwanzig habe ich Die Toten Hosen gegründet und lag auch in Straßengräben, allerdings freiwillig und betrunken.« Und damit sagt er in zwei schlichten Sätzen eigentlich alles über das Verhältnis vieler aus der Kriegsgeneration zu ihren Kindern. Gegenseitiges Verständnis gab es – zumindest in den Teenagerjahren der Hosen – wenig.

Breiti, am 6. Februar 1964 als Michael Breitkopf in Düsseldorf geboren, und Campino lernten sich in der siebten Klasse kennen, als Letzterer mal wieder eine Ehrenrunde drehte. Und so nahm das Schicksal seinen Lauf: 1976 sah Campino sein erstes Punkkonzert, die Count Bishops im Londoner Rockgarden-Club, sein älterer Bruder John hatte ihn mitgenommen (und es dann wohl ein bisschen bereut, weil der Kleine so uncool einen auf cool machte – aber das besserte sich mit den Jahren ja schnell). Campino wusste: So etwas möchte er auch machen. Aber wie fängt man das an? Nach der Schule im Ratinger Hof rumhängen war schon mal keine schlechte Idee. Die heute legendäre Kneipe war nur ein paar hundert Meter von der Kunstakademie entfernt und vor allem in den Jahren 1974 bis 1979, als Carmen Knoebel den Laden führte, ein herrlicher

Treffpunkt für Künstler:innen, Musiker:innen und Querulanten aller Art. Anfangs mischten sich dort noch Psychedelic-Typen, Rocker, Mods und Punks, bis sich letztere schließlich weitgehend durchsetzten. Bands wie Wire, Dexys Midnight Runners und Pere Ubu traten im Hof auf, auch Fehlfarben und Mittagspause.

Im November 1978 gründete Campino die Band ZK (eigentlich Zentralkomitee Stadtmitte, der Name war aber zu umständlich), mit Ralf Isbert am Bass und Claus »Fabsi« Fabian am Schlagzeug, die Gitarristen wurden anfangs wild gewechselt, wie sie auch ihren Punkrock fröhlich mit Rock-'n'-Roll- und Schlager-Versatzstücken aufmischten. So wurde Campino also offiziell Sänger, er war 16 Jahre alt. Damals nannte er sich – zumindest beim ersten Interview, das er gab – noch Billy Alibi (wohl zu viel Billy Idol gehört). Den bleibenden Spitznamen bekam Campino erst 1979, eine Schlacht mit den gleichnamigen Bonbons war schuld. Geprobt wurde mit ZK zweimal die Woche. Das erste Mikrofon bekam er von John geschenkt, die erste Kritik an seinen Live-Auftritten auch – so unverblümt, wie das nur unter Brüdern geht: »Du musst versuchen, die Leute zu faszinieren, sie nicht zu langweilen. Alle, die professionell sind, überlegen, was sie da veranstalten und wie sie dafür angezogen sind. Nur du Idiot überlässt das dem Zufall. Das Publikum will unterhalten werden!« (aus *Bis zum bitteren Ende,* der erstaunlich offenherzigen Bandbiographie von 1996 – eine frühe Zwischenbilanz, die sie zusammen mit dem Journalisten Bertram Job herausbrachten und in der alle Hosen ausführlich zu Wort kommen). Aus unerfindlichen Gründen (oder purer Bockigkeit) beschlossen ZK, dass sie sich nach ihrem Debütalbum (*Eddie's Salon*) gleich wieder auflösen wollten, und gingen im Herbst 1981 auf Abschiedstournee. Daraus entwickelte sich – ohne dass es den Beteiligten damals klar war – schon der Tote-Hosen-Nukleus. Trini Trimpop, am 10. Juni 1951 als Klaus-Peter Trimpop in Kierspe geboren, sollte das Ganze per Videokamera dokumentieren, war aber auch eine Art Organisationsgenie. Andi Meurer, am 24. Juni 1962 in Essen geboren, war als Roadie dabei.

Zu der Zeit lebten fast alle im Düsseldorfer Stadtteil Flingern, Campino zusammen mit dem damaligen Gitarristen Walter November (eigentlich Walter Hartung) in einem Gartenhaus. Wobei »Gitarrist« hier ein dehnbarer Begriff ist, denn das Instrument beherrschte der Typ nicht, dafür sah er super aus. Also musste ein echter Gitarrist her – und mit ihrem üblichen Dusel fanden sie einen, den die Hosen noch heute scherzhaft »den Musiker« nennen, weil er von allen das größte Talent besitzt. Kuddel, am 11. Juni 1964 als Andreas von Holst in Münster geboren, kam mit gerade mal 15 Jahren zu ZK – unter der Bedingung, dass er sich mit dem neuen Spitznamen abfinden, trinkfest sein und den rauen Ton innerhalb der Band ertragen musste – und dass keiner nur annähernd so gut spielen konnte wie er.

Und der Sänger? Einer der Sätze, die Campino damals bei unserem ersten Interview im Mai 1993 sagte, war: »Ich stehe ja nicht vorm Mikro, weil ich am besten singen kann, sondern weil ich die größte Klappe habe.« Das fiel wahrscheinlich auch schon den vier anderen jungen Männern auf, mit denen er sich im Januar 1982 in einer Mietswohnung in der Kölner Straße traf, um erstmals zu proben. Man will sich lieber nicht zu genau vorstellen, wie sie klangen. Andi besaß damals einen Bass, der nur drei Saiten hatte, aber weil ihm auch das zu kompliziert war, schraubte er eine davon vorsichtshalber ab. Als die Polizei auftauchte, beendeten sie den Spaß frühzeitig, doch der Schaden war angerichtet: Die Toten Hosen waren geboren – oder jedenfalls die erste Version: Andi, Campino, Kuddel, Trini, Walter. Sie fanden dann auch bald einen Proberaum in der Fichtenstraße – natürlich ein feuchter Keller, so will es die Legende.

Die Band stand also – doch wer weiß, was aus den Hosen ohne ihren Manager Jochen Hülder geworden wäre? Möglicherweise nicht viel. Es war Hülder, der Andi und Campino 1981 im Ratinger Hof sah und wahrscheinlich ein bisschen Mitleid hatte mit den planlosen Kids, so dass er ihnen Geld dafür gab, dass sie Plakate für die Tourneen klebten, die er damals organisierte. Ihn einen Konzertveranstalter zu nennen, wäre allerdings zu kurz gegriffen. Hülder, Jahrgang 1957 und also einige Jahre älter als die Bandmitglieder, hatte immer riesengroße Pläne, er investierte in verschiedenste Projekte, ließ sich nie festlegen. Als er 2015 starb, schrieben Die Toten Hosen: »Er war ein Visionär – seine Ideen, sein Durchsetzungsvermögen und seine Großzügigkeit werden uns fehlen … Er ist für uns alle unersetzlich.« Hülder organisierte die Abschiedstour von ZK, danach war er bei den Hosen für die Gagen zuständig, fürs Organisieren und oft genug einfach dafür, Ärger so gut wie möglich fernzuhalten. Es wird behauptet, dass er vom Talent der Toten Hosen gar nicht so überzeugt war, von ihrem Willen und ihrer Energie dagegen schon.

Ganz sicher kann man sagen, dass Die Toten Hosen kein Übernachterfolg waren. Als sie am 10. April 1982 ihr erstes Konzert im Bremer Schlachthof gaben (ebenjenes, bei dem sie als »Die Toten Hasen« angekündigt wurden), waren sie nicht nur pleite, sondern hatten auch wenig Aussichten, dass sich das demnächst ändern könnte. Immer wieder betonte Campino im Laufe der Jahre, dass er es sich verbietet, »über die Zeit damals zu jubeln und zu sagen, das sei das Größte gewesen«. Er schaut ohnehin lieber nach vorne, vor allem aber weiß er: »Irgendwie sind wir eben übrig geblieben. Wobei man nicht vergessen sollte, dass es, als wir 1982 angefangen haben, dermaßen unhip war, noch in einer Punkband zu sein. Da haben alle über uns gelacht. Alle waren schon eine Stufe weiter – und wir die Deppen.« Heute schwer vorstellbar, und doch war es so:

> »Für mich hieß das Wort ›Gruppenkasse‹ damals, dass ich da was einzahlen muss, damit der Proberaum gemietet werden kann. Dass man da auch mal was rauskriegen kann, habe ich erst so um 1986 herum erfahren. Ich hatte seit Ende 1978 in irgendwelchen Proberäumen rumgestanden – also fast ein Jahrzehnt, bis der Wendepunkt mit der *Horrorschau* kam. Da dachten wir: Okay, jetzt können wir davon leben. Wir wurden ernst genommen und fingen dann auch an, uns richtig Mühe zu geben.«

Von Anfang an haben Die Toten Hosen Dinge richtig gemacht, die anderen Bands später Kopf und Kragen kosteten. Zum Beispiel ist für sie selbstverständlich, dass Songwriting-Credits und Einnahmen gleichberechtigt aufgeteilt werden. In *Bis zum bitteren Ende* sagt Andi über Breiti, Campino, Kuddel und sich: »Jeder von uns vier Gründungsmitgliedern hat das gleiche Recht und bekommt das gleiche Geld. Da ist Vertrauen und Loyalität zwischen uns. Da ist Zusammenhalt.« Für Trini, Wölli und Vom galten später andere Konditionen, einen starken Zusammenhalt gab und gibt es freilich dennoch. Doch der Kern bleibt der Kern.

Ihre erste Single »Wir sind bereit / Jürgen Engler gibt 'ne Party« erschien im März 1982, auf ihrem eigenen Label Totenkopf, das noch nicht sonderlich professionell geführt wurde –

das passierte erst später, 1995, mit JKP. Vorerst bedeutete Totenkopf nur: Die Hosen pressten auf eigene Rechnung 5 000 Exemplare, konnten aber nur einen Bruchteil davon verkaufen. Doch sie ließen sich nicht entmutigen – und ihr Selbstbewusstsein sorgte dafür, dass Plattenfirmen aufmerksam wurden. So nahmen sie ihr erstes Album auf und unterschrieben einen Vertrag bei EMI. Walter November entschied sich, die Band zu verlassen, um zu den Zeugen Jehovahs zurückzugehen. Ab Herbst übernahm Breiti die zweite Gitarre – was aber vorerst zumindest fürs Studio noch nicht entscheidend war, denn die Instrumente spielte fast alle Kuddel ein. Trini sorgte dafür fürs Frühstück, Strammer Max lag ihm mehr als das Schlagzeug. Als Produzent stand ihnen Jon Caffery zur Seite, er blieb 22 Jahre. Bis auf Trini, der Sozialpädagoge war, gingen zu dem Zeitpunkt alle noch zur Schule. Zwischen den Aufnahmen schrieben Campino und Breiti am Humboldt-Gymnasium irgendwie ihr Abitur.

Das Debütalbum *Opel-Gang* kam im Sommer 1983 auf den Markt. Mit der Plattenfirma EMI lief es allerdings von Anfang an nicht richtig rund. Erst hatten sie Stress wegen des Videos zur Single »Eisgekühlter Bommerlunder«: In einer Kirche in Jesenwang (Landkreis Fürstenfeldbruck) drehten sie einen wilden Clip mit Marianne Sägebrecht als Braut, bei deren Hochzeit alles schiefgeht. Im katholischen Bayern konnte man darüber nicht lachen – und bei EMI, die die Produktion finanziert hatten, auch nicht. Ein Video, das keiner der »seriösen« Sender zeigen will, spielt seine Kosten schließlich nicht wieder ein. Außerdem gab es hausintern weiteren Ärger, weil der Volksmusiksänger Heino unglücklich war über Norbert Hähnel, der ihn als »Der wahre Heino« parodierte – und als Freund der Hosen in deren Vorprogramm auftrat.

Und dann war da noch die Sache mit John Peel. So unwahrscheinlich es klingt: Die BBC-Legende war der erste Moderator, der je ein Hosen-Lied im Radio gespielt hat, nämlich »Reisefieber«. Er rief die Band *on air* auf, ihm zu gestehen, wo sie die Melodie geklaut hätten – dann würde er den Song noch mal auflegen. Die Hosen leisteten Folge, und Peel hielt sich an sein Versprechen. 1984 lud er sie sogar ein, in seiner Sendung einige Stücke live zu spielen – eine große Ehre, waren diese »Peel Sessions« doch damals schon hoch angesehen. Der Auftritt lief dann leider weniger erfreulich ab. Sie entschieden sich für »Reisefieber« und »Bis zum bitteren Ende« – und schließlich »Hofgarten«. War doch lustig: im englischen Radio von »Ficken, Bumsen, Blasen« zu singen, und keiner versteht's. Aber ein paar Hörer:innen verstanden es eben doch und gaben Peel Bescheid, der nun Angst um seinen Job bekam und sich hintergangen fühlte. Die Hosen spielte er von da an nie wieder. Eine astronomische Taxi-Rechnung sorgte schließlich dafür, dass EMI endgültig genug hatte. Der Vertrag wurde aufgelöst.

Die Band wechselte zu Virgin Records, doch schon mit der LP *Unter falscher Flagge* (1984) war EMI wieder vergrätzt: Auf dem Original-Cover war ein Hundeskelett zu sehen, das vor einem Grammophon sitzt – eindeutig eine Anspielung auf »His Master's Voice«, das Logo der Firma. Es gab eine einstweilige Verfügung, der Hund wurde durch das Adler-Gerippe ersetzt, das bis heute viele Tote-Hosen-Artikel ziert. (Bei der Neuauflage 2007 war wieder der Hund zu sehen, die Gemüter hatten sich längst beruhigt.)

Innerhalb der Band gab es auch Veränderungen: Ende 1985 hatte Trini Trimpop keine Lust mehr aufs Schlagzeug, das er immer noch nicht richtig beherrschte, was langsam auffiel, weil mehr und mehr Leute zu den Konzerten kamen. Und live konnte anders als im Studio nicht einfach mal Kuddel einspringen, wenn Not am Mann war. Anders als Andi und Breiti hatte Trini aber auch keinen Ehrgeiz, das Instrument in den Griff zu kriegen. Mit seinen originellen Ideen und seinem ebenso originellen Geschäftssinn wollte er lieber hinter den Kulissen weiter für die Band arbeiten, was er bis 1992 auch tat. Am 5. Januar 1986 stieg – nach einem kurzen Intermezzo von Jakob Kreusen – Wölli als Schlagzeuger ein. Wölli, am 9. Januar 1950 als Wolfgang Rohde in Kiel geboren, kam aus Berlin zu den Proben angereist, dann wurde der Legende nach erst mal gemeinsam gesoffen und gekotzt, und danach war er praktisch schon aufgenommen. Er kannte Campino, seit der elf Jahre alt war – Wölli war lange mit dessen Schwester Beate zusammen. Der Altersunterschied spielte keine Rolle, bei den Hosen ging es vor allem darum, wer als Kumpel ins Gefüge passte.

Den ersten Einstieg in die Hitparade verzeichneten Die Toten Hosen schließlich ausgerechnet mit einem Schlager-Cover-Album: *Never Mind The Hosen – Here's Die Roten Rosen* (1987) schaffte es immerhin auf Platz 21. Und nun begann die goldene Zeit, die überraschenderweise bis heute anhalten sollte. Im Mai 1988 wagten die Hosen mal wieder etwas Neues: Sie beteiligten sich an der Theateraufführung von Anthony Burgess' *Uhrwerk Orange* in Bonn. An 20 Abenden spielten sie live in den Kammerspielen Bad Godesberg. Die Hauptrolle hatte Ralf Richter übernommen, die Band sechs Songs eigens dafür geschrieben. Das Stück war kein großer Wurf, aber auch keine Katastrophe, das daraus resultierende Album dagegen richtig gut. *Ein kleines bisschen Horrorschau* warf außerdem einen ihrer allergrößten Hits ab: »Hier kommt Alex.« In *Bis zum bitteren Ende* nennen sie es den »sagenumwobenen Hosen-Duselgeist«: Auch aus zweifelhaften Projekten machten sie das Beste und

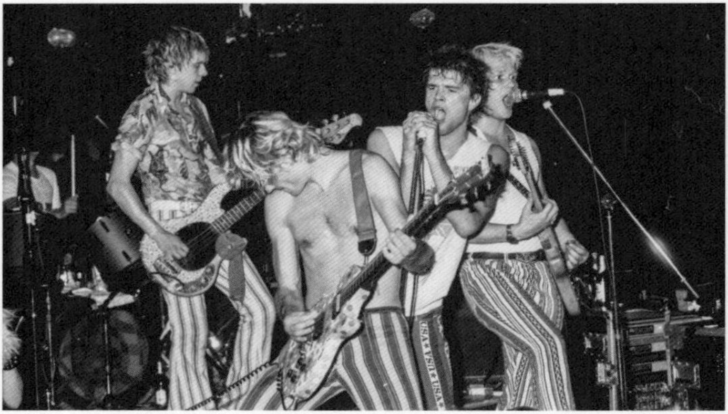

Berlin gestreift: Die Toten Hosen 1987 im KOB

kamen ohne Schaden davon. (Ein weiteres Beispiel dafür ist *Der Formel Eins Film* (Regie: Wolfgang Büld), in dem sie 1985 mitspielten – ein infantiler Quatsch, bei dem auch Rolf Zacher und Dietmar Bär dabei waren. Die Hosen brachten die dazugehörigen Songs sogar als EP heraus: Für *Battle Of The Bands* schämen sie sich bis heute ein wenig. Nicht zu Unrecht.) Die Tantiemen von »Hier kommt Alex« kassiert übrigens immer noch Ralph Siegel – ja, der mit »Ein bisschen Frieden«. Die Hosen waren in den 80er Jahren einen Deal mit dem Verleger eingegangen, aus dem sie sich 1990 freikauften – zum Preis einiger Rechte. In *Bis zum bitteren Ende* sagt Kuddel über dieses seltsame Kuddelmuddel: »Ein Verleger-Arsch mit Flügeln ist genauso gut wie ein richtiger Engel, wenn du gerade überlegen musst, ob du deine Gesangsanlage verkaufst, um flüssig zu bleiben.«

Ab Ende der 80er, spätestens zu Beginn der 90er Jahre war Geld schon kein größeres Problem mehr, es zeigten sich aber erste gesundheitliche Ausfallerscheinungen: Campinos Stimmbänder versagten während einer Tournee, zum ersten Mal mussten sie Konzerte absagen. Er verbrachte eine Woche in der Klinik, ohne reden zu dürfen – kein leichtes Unterfangen. Auf Alkohol und Drogen sollte er in Zukunft auch verzichten – ebenfalls nicht gerade einfach. Die Erfolge kamen jetzt allerdings Schlag auf Schlag: 1990 spielten sie zwei Konzerte mit den Rolling Stones im Müngersdorfer Stadion zu Köln, wenig später hatten sie ihr erstes Nummer-1-Album: *Auf dem Kreuzzug ins Glück*. Sie nahmen mit ihren größten Punk-Helden *Learning English* (1991; siehe das Kapitel zur Diskographie) auf und waren zwei Jahre später mit *Kauf mich!* schon wieder an der Spitze. Alles wurde professioneller, die Hosen ließen zum Beispiel erstmals in großem Stile Pressefotos aufnehmen – und dann ärgerten sie sich, weil Wölli auf einem Bild eine Uhr trug. Ein Punk trägt doch keine Uhr! Dieser Fauxpas hing ihm noch lange nach. Campino wiederum grämte sich, weil die *Bravo* ein Abziehbild seines Tattoos beilegte – wie peinlich soll es denn noch werden? Sie waren jetzt Rockstars. Sie gingen mit U2 auf Deutschlandtournee, veröffentlichten das Best-of-Album *Reich und sexy*, 1994 auch noch die internationale Version *Love, Peace & Money*.

Ende 1995 wagten sie den Sprung in die Selbständigkeit und gründeten ihr eigenes, jetzt wirklich autark funktionierendes Label JKP (siehe das Kapitel zur Plattenfirma). Campino ging ins Kloster, aber nur um die Texte für das vielleicht beste Hosen-Werk zu schreiben: *Opium fürs Volk* (1996). Es ist eine zu den Hosen passende Ironie des Schicksals, dass auf diesem Album, auf dem es vor allem um Glauben und Sinn geht, auch ihre erste Nummer-1-Single zu finden ist – der Witzsong »Zehn kleine Jägermeister«.

Zum Problem wurden irgendwann die Drogen. Alle in der Band tranken gern, nahmen hin und wieder dies und das, doch mit den finanziellen Möglichkeiten entglitt ihnen immer mehr die Kontrolle, vor allem das viele Kokain bekam niemandem gut, auch wenn es sich zunächst wie ein angenehmes Hilfsmittel für mehr Spaß und Kommunikationsfähigkeit anfühlte. In Philipp Oehmkes Bandbiographie *Am Anfang war der Lärm* beschreibt Breiti sehr eindrücklich, dass er zwar gar kein Problem mit dem »extremen Arbeitsethos« der Band hatte, das war er von zu Hause gewöhnt – er musste sehr früh mithelfen, nachdem sein Vater einen Herzinfarkt erlitten hatte. Aber es gab zwischen den Jungs eben gleichzeitig eine ähnliche Sprachlosigkeit, wie er sie aus der Familie kannte, die von Krieg, Vertreibung und Wiederaufbau geprägt war: Über Gefühle zu sprechen fiel allen schwer. »Ecstasy, Speed und Kokain haben mir lange geholfen, locker und freundlich zu sein«, konstatiert Breiti. Eine Weile ging das alles ja auch einigermaßen gut – die Band war erfolgreich, die Tourneen bekamen sie auch so hin, warum also nüchtern sein?

Einer der Wendepunkte war das 1000. Konzert am 28. Juni 1997 in Düsseldorf (siehe auch das Kapitel »Das Live-Spektakel«), bei dem eine Zuschauerin im Gedränge starb. »Bis dahin war alles sehr naiv, sehr sorglos – und eigentlich liefen wir da wohl Gefahr, ein bisschen versaut zu werden von all dem Erfolg«, sagte Campino später. »Weil uns alles zu glücken schien, haben wir fast vergessen, dass das nicht selbstverständlich ist.« Dabei schrieb er damals noch im Fotoband *Ewig währt am längsten* voller Dankbarkeit:

»Breiti kenne ich seit 1975. Ich war damals 13 Jahre alt und bin zum zweiten Mal sitzen geblieben, als ich in seine Klasse kam … Kuddel – der einzige Musiker bei uns. Wir kauften ihm eine Gitarre, er schenkte uns die Hits. Vom Rest des Lebens verstand er nicht so viel, aber er hatte ja uns. Wölli machte neun Jahre mit meiner Schwester rum. Er gehörte zur Familie. Es war ein Glück, dass er auch Schlagzeug spielen konnte. Andi – eigentlich wollte er Fotograf werden. Uns fehlte aber ein Bassist.«

Wenn das keine Liebe ist, was dann?

Und doch fanden sich Die Toten Hosen im Herbst 1997 plötzlich bei einer Krisensitzung wieder, in der es um nicht weniger als die Zukunft der Band ging. Natürlich genossen sie den Erfolg – die vollen Hallen, die Charts, berühmt und reich zu sein –, aber Kuddels Alkoholkonsum war inzwischen nicht mehr tragbar. Sie stellten ihn vor die Wahl: aufhören oder die Band verlassen. An diesem Abend trank Kuddel den letzten Schluck Rotwein. (Inzwischen lebt er vegan und noch gesünder als alle anderen in der Band.) Die Probleme rissen dennoch nicht ab. Wölli hatte schon mehrere Bandscheibenvorfälle erlitten, das Schlagzeugspielen fiel ihm immer schwerer. Als die Hosen 1998 auf die »Warped«-Tour in Australien, Japan und Hawaii gingen, nahmen sie vorsichtshalber Vom Ritchie als Roadie mit. Der hätte einspringen können, falls Wölli unpässlich gewesen wäre. Seinen Notfall-Ersatz und späteren Nachfolger hatte Wölli selbst vorgeschlagen, die beiden waren gut befreundet.

Auf dem Album *Unsterblich* (1999) spielten beide mit, bei der folgenden Tour übernahm dann Vom, Wölli kam nur noch zu einigen Zugaben hinzu. Als er sich im Mai 2000 bei einem Autounfall mehrere Rippen und den Oberschenkel brach, war das sein endgültiges Ende als Tote Hose. Natürlich blieb er den

Freunden bis zu seinem Tod 2016 eng verbunden. Und wieder hatten die Hosen großen Dusel: Vom, am 6. August 1964 als Stephen George Ritchie in Billericay/England geboren, erwies sich als eine Art Frischzellenkur für die Band, sein fröhliches Wesen tat den manchmal ein bisschen zu ernsthaften Deutschen sehr gut. In den 80er Jahren trommelte Vom bei der New-Wave-Band Doctor & The Medics, die 1986 mit der Coverversion »Spirit In The Sky« einen Nummer-1-Hit in England hatten, und es ist unmöglich, keinen Spaß zu haben, wenn Vom anfängt, von all den Musikern zu erzählen, mit denen er schon zu tun hatte, und sich ein bisschen lustig zu machen über die Manie seiner jetzigen Kollegen, vor jeder Tournee wieder tagelang zu proben. Als würden die alles verlernen! Wie schwer kann »Hier kommt Alex« denn sein, really!

Im Jahr 2002 durfte ich Die Toten Hosen zum ersten Mal im Studio besuchen. Sie waren damals in den Dierks Studios bei Köln, um *Auswärtsspiel* einzuspielen, das anfangs noch *Depression deluxe* hieß. Es war mal wieder alles schwierig. Zumindest seit ich sie kenne, gab es bei der Band nie völlig entspannte Aufnahmen, es ist jedes Mal ein K(r)ampf. Selbst wenn sie sich vornehmen, es mit einer »Scheiß drauf«-Einstellung zu versuchen (wie damals, als sie Weihnachtslieder verunstalteten), wird irgendwann Ernst daraus. Und sie schonen sich gegenseitig nicht. »Unser Umgangston ist rau, für Sensibilitäten ist nur auf den Weihnachtsfeiern Platz«, gibt Campino zu. »Manche Menschen sind schon pikiert, dass wir so wenig höflich untereinander sind.« Zudem lässt der Sänger gern alle warten, daran haben sie sich gewöhnt. Solange er den Großteil der Arbeit schultert, sehen sie es ihm nach. *Auswärtsspiel* wurde zum letzten großen Album der zweiten DTH-Phase, wenn man so will: Nach den wilden Anfangsjahren waren dies die

Erfolgsjahre, doch bei *Zurück zum Glück* war zwei Jahre später der Wurm drin: die Songs etwas zu lahm, die Zusammenarbeit mit Produzent Jon Caffery anscheinend ausgereizt.

Zunächst machten die Hosen unverdrossen weiter. Sie nahmen 16 Folgen für die MTV-Serie *Friss oder stirb* auf, in denen ihnen die Kameras in den (natürlich nicht ganz realistischen) Alltag folgten, sie beim Golfspielen und Fallschirmspringen, zu Rock am Ring und nach London begleiteten. Im September 2005 gab es noch ein *MTV Unplugged*-Gastspiel im Wiener Burgtheater, und sie tourten mit ihren Freunden Gerhard Polt und den Biermösl Blosn. Dann war erst mal Pause, fast zwei Jahre – die längste Ruhe, die es in der Bandgeschichte je gab. Nur der Sänger gönnte sich keine Verschnaufpause. Campino spielte 2006 in der *Dreigroschenoper* im Berliner Admiralspalast unter der Regie von Klaus Maria Brandauer den Mackie Messer, danach die Hauptrolle als Fotograf Finn in Wim Wenders' Drama *Palermo Shooting* – einem der letzten Filme mit Dennis Hopper.

2007 kamen die Hosen wieder zusammen, um *In aller Stille* aufzunehmen. Sie hatten nach langem Hin und Her beschlossen, erstmals auf Jon Caffery zu verzichten. Campino erklärte es, als das Werk 2008 erschien, mit der Unzufriedenheit mit dem Vorgängeralbum und dem Willen zur Erneuerung – und warf einen Scherz hinterher: »Das Problem ist, dass wir uns ja schwer selbst rausschmeißen können.« Sie entschieden sich für Vincent Sorg als neuen Produzenten, der damals vor allem für seine Arbeit mit den Donots und In Extremo bekannt war. Er mag Queen lieber als die Sex Pistols, und das hört man auch. Mit ihm wurde der Sound der Hosen noch offensiver, manche sagen auch: breitbeiniger. Auf jeden Fall wollte es die Band noch mal wissen, nachdem sie schon fast befürchtet hatte, sie hätte es nicht mehr drauf. Campino kennt diese Sorgen ja längst: »Ein bisschen Panik im Nacken zu haben, das schadet nie.«

Der ganz große Wurf stand allerdings noch bevor – und das ausgerechnet im 30. Bandjahr. Die Hosen wussten, dass sie 2012 etwas Besonderes abliefern mussten und wollten. Also nahmen sie parallel zu einem »normalen« Album auch noch *Die Geister, die wir riefen* auf: Coverversionen von Falco bis Kraftwerk und Vertonungen von diversen Gedichten. Kein größeres Problem, lange zog sich dagegen wieder die Arbeit am eigentlichen Werk hin, Campino nannte es später eine »Materialschlacht mit viel mediokrem Scheiß«.

Für den besseren Durchblick hatten sie auch Tobias Kuhn dazugeholt – was zunächst überraschte. Kuhn war als eher sanfter Songschreiber mit seiner Band Miles und dem Soloprojekt Monta ein bisschen bekannt geworden – und dann so richtig als Produzent für die Sportfreunde Stiller, Tomte und Thees Uhlmann. Campino traf ihn – es klingt wie ein Witz – tatsächlich auf einer Gartenparty von Wim Wenders. (Kuhn hatte die Musik für *Palermo Shooting* komponiert.) Genau wie Sorg bestand Kuhn darauf, dass die Band ungeniert zu ihren Kernkompetenzen zurückkehrt – eher weniger als mehr Akkorde, ordentlich Whoa-oh-oh-Chöre und der berühmte »Hosen-Hobel«, dieses schnelle, treibende Spiel mit abgedämpften Achteln auf der Gitarre (wie zum Beispiel bei »Altes Fieber« zu hören). Alles, was nach »typisch Hosen« klingt und die Band sich eigentlich verkneifen wollte, war wieder erlaubt.

Zum Texten suchte sich Campino einen überraschenden »Pingpongspieler«, wie er es nennt: Marten Laciny, bekannt als Marteria. Ein Rostocker Rapper, Ex-Fußballer und Ex-Model, im Gründungsjahr der Toten Hosen geboren. Trotz all ihrer

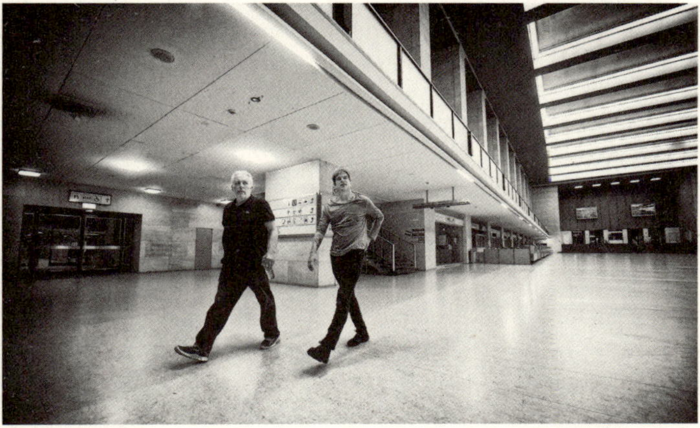

Der Mann für die großen Schritte: Manager Jochen Hülder mit Campino, 2013

Unterschiede fanden die beiden schnell eine gemeinsame Basis. Laciny ermutigte ihn, auch Persönliches einfließen zu lassen, und vor allem beeindruckte Campino (selbst ja nicht gerade eine lahme Ente) seine Energie: »Er hat eine ungewöhnliche Art, mich anzuzünden. Er ist so positiv, davon lasse ich mich gern mitreißen. Ich brauche so etwas manchmal.« So entstand das Album *Ballast der Republik*, auf dem dieser eine Song ist, der die Hosen – zumindest in der breiten Öffentlichkeit – künftig noch mehr definieren sollte als »Opel-Gang« oder »Hier kommt Alex«: »Tage wie diese«. Der größte Hit, den sie je hatten. Fortan wurde er bei allen Volksfesten, Fußballspielen und anderen Feierlichkeiten gespielt, sogar Helene Fischer sang ihn gern. Ist es deshalb ein Schlager? Im Sinne von »Hit« auf jeden Fall.

Unbeirrt davon lebten die Hosen weiter in schönen Kontrasten. Sie zogen die größte Tournee durch, die sie jemals veranstaltet hatten. Nachdem sie sich ein wenig von dem sensationellen Erfolg erholt hatten, gingen sie das nächste Album an, was sonst. Immer weiter. *Laune der Natur*, im Mai 2017 veröffentlicht, schlägt in dieselbe Kerbe wie *Ballast der Republik*, warum auch nicht. Über die drei Helfer Sorg/Kuhn/Laciny sagt Campino: »Die Konstellation ist einfach traumhaft, das Vertrauen untereinander sehr groß.« Mit Marten fährt er auch mal in Urlaub, da fließen die privaten Gespräche in die Arbeit mit ein, es ist nicht mehr ganz so anstrengend wie früher. Mittlerweile kriegen sie alle ihr Privatleben gut in Einklang mit der Musik, und noch sind alle gesund genug. Was will man mehr? Dass nicht alles eitel Sonnenschein ist, davon erzählt *Laune der Natur* auch. Der Tod macht vor den Hosen nicht Halt: Im Januar 2015 mussten sie Jochen Hülder beerdigen, im April 2016 starb Wölli – beiden sind Lieder auf dem Album gewidmet.

Womit wir schon in der Gegenwart angelangt sind. 2022 feiern Die Toten Hosen ihr 40-jähriges Bestehen, und noch sieht es gut aus. Sie sind ziemlich fit, auch wenn das heute mehr kostet als einst – genau wie die Zufriedenheit.

> »Zuerst gab es den Proberaum mit den Eierkartons und ein paar Kästen Bier, damit waren wir happy. Ein paar Jahr später mussten wir durch unsere Schampus-Phase, das haben wir auch ausgekostet. Inzwischen wird unser Leben von den Lebensmitteln aus dem Bioladen bestimmt.«

Campino grinst, als er das sagt. Ganz so schlimm ist es nicht.

In *Am Anfang war der Lärm* erzählt der Sänger, dass sein Vater sich drei Dinge von seinem Sohn gewünscht hatte: »Er sollte studieren, heiraten und wieder in die Kirche eintreten.« Immerhin eins davon ist inzwischen verwirklicht. Am 25. März 2019 nahm Campino in der Botschaft in Berlin die britische Staatsbürgerschaft an, er trug dafür seinen besten Anzug, und im selben Jahr heiratete er auch – ein Umstand, auf den er in *Hope Street* sehr dezent hinweist, indem er erst von seiner »Verlobten« schreibt und dass sie bald eine Hochzeit in New York besuchen würden – und dann ist sie plötzlich kommentarlos seine »Frau«. Das passt zum Sänger: Er gibt ein wenig Privatleben preis, aber nie zu viel. Eine schlaue Taktik. Eine kleine Beobachtung, die ich eines Morgens machte, als er zum Gespräch nach Hause eingeladen hatte, fand ich immer bezeichnend für seine Art, mit Ruhm und Reichtum umzugehen. Zwar hatte er den exquisiten Lavazza-Kaffee da, aber keine dieser schicken Espresso-Maschinen. Er hatte gar keine Maschine, sondern schaufelte das Pulver einfach so in die Tassen und gab den guten Ratschlag: »Den letzten Schluck würde ich nicht trinken.« (Inzwischen besitzt er zumindest eine French Press.)

Dass sie immer klare Linien gezogen und sich vom Boulevardjournalismus ferngehalten haben, aber gleichzeitig keine Prinzipienreiter sind, zeigte zum Beispiel ihr Verhältnis zum inzwischen verstorbenen *Bravo*-Fotografen Fryderyk Gabowicz, der jahrzehntelang oft auch hinter der Bühne dabei war: Mit ihm einigte sich die Band darauf, dass er die Kamera im Koffer lässt, wenn es so abgesprochen ist. So ersparten sich alle Parteien Ärger und konnten ihre Energie für Sinnvolleres verwenden (und ordentlich miteinander feiern). Sich nicht kirre machen lassen: eine Strategie, die Campino auch anwendete, als 2021 Fotos von seinem Sohn Lenn Julian bei der Mailänder Fashion Week auftauchten. Warum sollte er irgendwem langwierig erklären, dass er es bestimmt nicht darauf anlegt, seinen Sohn weltberühmt zu machen? Er selbst ist ja froh, dass er noch »genügend Schlupflöcher« hat, um sich vom Trubel zu erholen, weil die Hosen glücklicherweise nur im deutschsprachigen Raum (und ein bisschen in Südamerika) berühmt sind. Nach ein paar Tagen war das Thema sowieso gegessen. Die Queen hat schon recht: »Never complain, never explain«, so hat man am meisten Ruhe und kann sich auf Wichtigeres konzentrieren.

Auch dass sie immer neugierig geblieben und auf der Suche nach Herausforderungen sind, macht die Band aus. 2019 versuchten sie noch mal etwas Neues: In der Düsseldorfer Tonhalle spielten sie »Mit Pauken und Trompeten«, also mit einem großen Orchester. So entstand das Live-Album *Alles ohne Strom*, die geplante Tournee musste allerdings wegen der Corona-Pandemie abgesagt werden. Stattdessen nahmen sie – nun tatsächlich einmal zwanglos – ihr nächstes Cover-Album auf, *Learning English Lesson 3: Mersey Beat!*. Campino ging in Begleitung von Kuddel auf eine kleine Lesereise mit seinem Buch *Hope Street*. Dann kündigten sie im Juni 2021 endlich neue Konzerte an: Innerhalb von 24 Stunden verkauften sich 300 000 Tickets für die »Alles aus Liebe – 40 Jahre Die Toten Hosen«-Jubiläumstour im Sommer 2022, schnell wurden Zusatz-Gigs anberaumt. Auf ihre Fans kann sich die Band genauso verlassen wie die Fans sich auf die Band. Beruhigend.

Nach 40 Jahren darf ein bisschen Rückblick erlaubt sein, und natürlich werden die Hosen sich selbst feiern. Sie haben viel gelernt in all den ganzen Jahren – und einer der mutigsten Schritte auf dem Weg war der in die Unabhängigkeit: Seit 1995 segeln Die Toten Hosen nur noch unter eigener Flagge.

»Wir sind bereit«: Die Plattenfirma

Der Name deutet an, dass sie das eigentlich alles gar nicht so ernst nehmen wollten. Eine Denkweise, die bei den Toten Hosen selten funktioniert. Zumindest eine putzige Tiefstapelei sollte es aber sein: Als die Band mit Jochen Hülder im Jahr 1995 ihr eigenes Label gründete, nannten sie es JKP – Jochens kleine Plattenfirma. Der Name ergab sich wohl auch logisch, da es seit 1990 auch schon KKT gab, die Konzertagentur von Hülder, Hosen und Kiki Ressler, der sich seit 1984 um die Tourneen der Band kümmerte. Zu Kikis Kleinem Tourneeservice nun also noch Jochens kleine Plattenfirma – und schon waren Die Toten Hosen unabhängig. Ein wegweisender Schritt für viele andere Bands, die dann ebenfalls die Selbständigkeit wagten.

Ein paar Jahre später durfte ich den Firmensitz in Düsseldorf besuchen und sogar an einer der berüchtigten JKP-Konferenzen teilnehmen, die sie selbst »blaue Stunden« nennen. Auf dem Parkplatz weiß man schon, dass man richtig ist – die Autos, die hier rumstehen, haben natürlich »D-TH…«-Kennzeichen. Drinnen dann das übliche kontrollierte Chaos aus Schreibtischen und Papiermassen, Merchandise-Artikeln und anderen Materialien. Es passt zu den Hosen, dass hier auch die

Kinder von Freunden sitzen und mitarbeiten, es ist eben eine Art Familienbetrieb, nur dass die Verwandten selbstgewählt sind. Sie versuchen, eine gute Mischung hinzubekommen: die Verbindung zu alten Weggefährten zu halten, die den ganzen Weg kennen und nachvollziehen können, und den Draht zu Jüngeren nicht zu verlieren, die neue Pfade aufzeigen können.

Seit Hülders Tod 2015 führt Patrick Orth die Geschäfte, aber schon vorher war er der Mann für die Alltagsbewältigung, der bei den Meetings gern mal »ach Kinder« sagt und die Nerven behält, wenn sie bei anderen längst blankliegen würden. Auch er ist einer, der aus dem Umfeld in den Betrieb aufgenommen wurde: vom Hardcore-Fan über die Fanclubleitung zum Managerposten – eine bemerkenswerte Karriere. Mit seinen krassen Tätowierungen und Ringen, der Glatze und dem Bart sieht er für Außenstehende etwas furchterregend aus, das schadet in dieser Position aber nicht. Thees Uhlmann schreibt über Orth in seinem *Die Toten Hosen*-Büchlein: »Er ist genau so, wie ein Musikmanager sein muss. Souverän und unbeliebt bei Menschen, die mit ihm Geschäfte machen müssen, und der Rest, der nichts von ihm will, liebt ihn.« Wenn ein weiteres Hosen-Album erscheint und Patrick anruft oder vorbeikommt, um diese Neuigkeit zu verkünden, setzt er immer zu einer großen Rede an, warum das Werk wichtig ist und die Band sowieso – auch wenn wir uns da ja längst einig sind. Er kann nicht anders, sein Engagement für diese Gruppe ist ungebrochen.

Zu den »blauen Stunden«, die manchmal mehrere Stunden dauern, erscheinen alle Bandmitglieder bis auf Vom, der nur auftaucht, wenn es um Tour-Angelegenheiten oder Ähnliches geht. Und dann wird alles ausdiskutiert. Und damit meine ich – soweit ich das sehen konnte – wirklich alles: vom Catering bei der nächsten Aftershowparty bis zur Frage, ob Flüge immer stornierbar sein müssen. Natürlich auch, welche Interviews gemacht werden und welche nicht. In *Bis zum bitteren Ende* nennt Breiti die Firma »basisdemokratisch-hippiemäßig organisiert. Und der Ausdruck ist ungefähr so umständlich wie der ganze Vorgang, aber am Ende erstaunlich effektiv.« Orth sagt im selben Buch: »Manchmal wünsche ich mir einen kleinen Band-Stalin, der in gewissen Notfällen die anderen mit allen notwendigen Mitteln wieder auf Parteilinie bringt.« Im Grunde gibt es den ja, aber das will niemand so richtig zugeben. Kuddel umschreibt es so: »Campi ist schon ein bisschen mehr Chef als wir anderen. Was auch wichtig ist.« Wenn die Endlosdiskussion nirgends mehr hinführt und keine klare Mehrheit in Sicht ist, dann steigt die Wahrscheinlichkeit, dass sich Campino durchsetzt.

Nun hatten Die Toten Hosen schon für ihre ersten Singles ein eigenes Label, Totenkopf Records, damals von Hülder und Trini Trimpop gegründet. Aber JKP war und ist eine andere, viel größere Nummer: Im Laufe der Zeit nahmen sie auch befreundete Bands wie die Antilopen Gang, die Broilers oder Feine Sahne Fischfilet unter Vertrag, vor allem aber wurde die Hosen-Maschinerie sukzessive größer und größer. Und damit auch all die Details, um die man sich kümmern muss. Im Jahr 2002 sagte Andi dazu, mit einem kleinen Seufzer: »Manchmal, vor allem wenn man gerade ›nebenbei‹ ein Album aufnimmt, nerven all die Kleinigkeiten schon mal, aber wir wollten es ja so. Wir wollten selbst entscheiden, was wie gemacht wird.« Und Campino schloss sich dieser Überzeugung an:

> »Manchmal sitzt man schon in den Besprechungen und verzweifelt, weil darüber entschieden wird, ob ein neuer Drucker ins Haus kommt oder nicht. Da fragt man sich, was das

noch mit Rockmusik zu tun hat. Aber wenn man sich nur noch auf die Musik konzentriert und eine große Firma für sich arbeiten lässt, dann muss man schon schmerzfrei sein. Da wachst du vielleicht plötzlich auf und hast einen Riesen-Pro7-Sticker auf deinem Album und bist noch nicht einmal gefragt worden.«

Unumstritten war diese Selbständigkeit damals nicht, daran erinnern sie sich genau – so auch der Sänger:

»Die Musikindustrie war stinksauer. Die großen Firmen sagten, wir wären die Totengräber der Branche, und wenn uns die anderen – also die, die wirklich Umsatz machten –, nacheiferten, wäre das das Ende. Ein egoistischer Standpunkt. Im Grunde sind wir einfach ein bisschen schneller gewesen als die anderen – wir haben früh erkannt, dass Plattenfirmen sich ändern müssen. Unser Label war eine Rundumbetreuung, so wie das heute oft gemacht wird. Es geht nicht mehr nur um die Platten, sondern auch um die Tourneen und so weiter. Wir haben damals dann deutlich besser verdient, obwohl Virgin für die Leistungen auch nicht mehr eingesteckt hat als andere Firmen. Doch der Prozentsatz war schon beachtlich – vor allem weil wir ohnehin schon viel selbst gemacht hatten. Warum also nicht alles unter eigener Regie?«

Das Modell »klein, aber schlagkräftig« hat sich bewährt. Es gab einfach keinen Grund mehr für eine externe Plattenfirma. Das Budget fürs nächste Album können sich die Hosen längst selbst vorschießen, ein Presswerk zu finden ist auch kein Hexenwerk. Und alles andere hatten sie ohnehin schon längst selbst bestimmt: mit wem sie Interviews machen, die Reisen, Tourneen und so weiter. Es war einfach nur konsequent, alles komplett zu übernehmen – und damit auch alle Gewinne für sich zu behalten. Bei dieser Entscheidung war Campino übrigens »eher die Bremse«, gibt er heute zu – er fand die Zusammenarbeit mit Virgin in Ordnung, und er ist eine treue Seele, der Schritt kam ihm nicht als dringend nötig vor. Genau richtig war er rückblickend freilich schon.

Damals war es ein Tabubruch, aber dann zogen viele nach: Die Fantastischen Vier (Four Music 1996), Die Ärzte (Hot Action Records 1998), Dirk Darmstaedter (Tapete Records 2002). Kettcar und Thees Uhlmann taten sich 2002 zum Grand Hotel van Cleef zusammen. Damals waren die guten Jahre eigentlich schon wieder vorbei. Die Toten Hosen waren jedenfalls schon zu Beginn der 2000er Jahre extrem realistisch und wussten, dass sie gut haushalten müssen und lieber keinen Größenwahn zulassen sollten. Campinos Einschätzung nach sieben Jahren JKP:

> »Die Träume der Neunziger sind auch bei uns ausgeträumt – als man noch dachte, das wird immer größer, wir nehmen noch weitere Bands unter Vertrag und so weiter. Wir haben gemerkt, dass wir uns gerade um uns selbst kümmern können und vielleicht noch um die, die nirgends sonst Zuflucht finden oder unbedingt mit uns arbeiten wollen. Aber für große Signings ist keine Zeit da. Und wir müssen auch sehen, dass wir als Plattenfirma keine harten Einschnitte machen müssen wie fast alle anderen. Dass wir unsere Leute, die seit eh und je mit uns unterwegs sind, halten können.«

So haben sie es all die Zeit weiterbetrieben – und mit dieser Einstellung sogar die Corona-Krise 2020/21 überstanden, ohne Leute auf Kurzarbeit schicken oder gar entlassen zu müssen.

2021 suchten die Hosen eine neue Teamassistenz, in der Stellenausschreibung stand unter anderem:

> »Unser Anspruch ist, für Musiker ein Umfeld zu schaffen und eine Plattform zu bieten, die es ihnen ermöglicht, sich voll und ganz auf ihre Kreativität zu konzentrieren. Seit über 25 Jahren sind wir erfolgreich und mit viel Freude bei der Sache. In dieser Zeit durften wir an über 15 Nummer-1-Alben mitwirken.«

Wer bei JKP mitarbeiten will, muss Leidenschaft und Fleiß mitbringen, das Wichtigste ist aber wohl: Loyalität. Und das geht in beide Richtungen: Die Hosen erwarten sie von ihren Leuten, sie bringen sie aber auch umgekehrt anderen entgegen. Die Band hält an ihren Weggefährten fest, so lange es geht – das galt für den Roadie Bollock, als er in die Heroinsucht abrutschte, ebenso wie für ihr Faktotum Uwe Faust, der auf Tourneen einfach dabei war, ohne konkrete Stellenbeschreibung. Ob Promotion, Merchandise oder andere Bereiche: Selbst Menschen, die sich irgendwann doch einen anderen Job gesucht haben, trifft man Jahre später noch bei Hosen-Konzerten, und alle erinnern sich gern an die Zeit bei JKP, auch wenn es anstrengend war. Und die, bei denen es vielleicht anders ist, sind schlau genug und still. Selbst Produzent Jon Caffery, dem man die Schmach anmerkt, wenn er über seinen Abschied nach 22 Jahren spricht, hat sich immer recht bedeckt gehalten, genau wie Trini Trimpop, der sich womöglich über sich selbst ärgert – wer findet es im Nachhinein schon super, kurz vor dem Megaerfolg ausgestiegen zu sein? Auf die großen Enthüllungen, wie korrupt oder gemein der Hosen-Laden tatsächlich ist, warten wir also vergeblich – das spricht nach all den Jahren eindeutig dafür, dass die Band wohl wirklich nichts Größeres auf dem Kerbholz hat. »Wir haben uns immer bemüht, klare Verhältnisse zu haben – auch in Trennungsmomenten«, sagt Campino 2021 rückblickend.

> »Trotzdem kann man das nicht immer garantieren, da gibt es manchmal Kränkungen auf beiden Seiten. Aber wir haben schon versucht, vorsichtig zu sein, und in den meisten Fällen lief es ordentlich ab. Trini zum Beispiel wollte ja nicht mehr in der Band sein. Bei Wölli ging es gesundheitlich einfach nicht mehr. In beiden Fällen, so verschieden die waren, haben wir das mit langen Gesprächen ganz gut ausklingen lassen. Das waren ja intensive und wichtige Zeiten, da will man ohne Groll weiter seines Weges gehen.«

Statt »no future« haben sich die Hosen ihre Zukunft lieber selbst gebastelt, ein bisschen außerhalb der Normen und gleichzeitig mitten in der Gesellschaft. Sehr professionell und manchmal doch liebenswert skurril.

Im März 2017 war ich in Düsseldorf eingeladen, um mit Campino über das kommende Album *Laune der Natur* zu sprechen. Ich saß im Konferenzraum, Getränke standen bereit, die Stereoanlage auch. Nur die neuen Songs: Die mussten noch gebrannt werden, sie waren eben erst fertig geworden. Dem Sänger entging der Witz der Lage nicht, als er am nächsten Tag zum Interview kam:

»Das war ja fast schon Comedy gestern: dass du hier sitzt und auf das Album wartest wie an der Theke beim Bäcker auf die frischen Brötchen. Viel enger geht's dann nicht mehr. Und gleichzeitig ist das ja auch ein Antrieb. Kennst du das aus der Kindheit?«

Er grinst vergnügt. Er meint die Angstlust: Man ärgert jemanden, der läuft einem stinksauer hinterher, und man weiß, gleich knallt's, aber so lange freut man sich über den Kick und lacht sich kaputt. »So ähnlich ist der Kampf mit dem Zeitdruck.« Und so ähnlich ist wohl auch das ganze Geschäft.

»Das Wort zum Sonntag«: Die soziale Komponente

Wenn jemand das Wort »Gutmensch« sagt und damit einen Musiker meint – wer fällt uns dann ein? Jede Wette, dass fast alle sofort an Herbert Grönemeyer oder Campino denken. Vielleicht noch an Wolfgang Niedecken. Inzwischen verkaufen die Hosen in ihrem Shop T-Shirts mit einem »Gutmensch«-Schriftzug. Darunter steht: »No one likes us, we don't care.« Das ist zwar Koketterie, denn wenn nicht so viele Menschen Die Toten Hosen mögen würden, dann liefe der Laden schlechter. Bei der Band gibt es darüber hinaus das übliche Merchandise, meist mit dem Knochenadler-Logo und dem Schriftzug »Bis zum bitteren Ende«, das von Fahnen und Fußmatten bis zu Turnschuhen und Christbaumkugeln reicht. Sogar eine Urne ist im Angebot. Inzwischen haben sie gemeinsam mit dem Weingut Tesch einen sehr guten Riesling namens »Weißes Rauschen« auf den Markt gebracht, genauso wie eine Bier-Edition, das »Hosen Hell«, das die Uerige Hausbrauerei in Bayern brauen lässt. Geschäftstüchtig sind sie, das steht außer Frage – aber sie überlegen sehr genau, was sie wie verkaufen.

Noch heute sind die Konzertkarten bei den Hosen günstiger als bei den meisten anderen Bands ihrer Größenordnung.

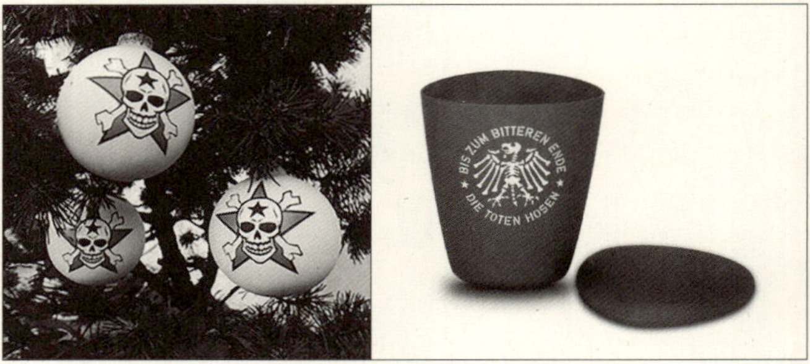

Von der Christbaumkugel bis zur Urne: Merchandise ist bei den Toten Hosen keine Nebensache

Sie kalkulieren eng – und gehen von ausverkauften Tourneen aus, sonst rentiert es sich kaum. Bisher haben sie damit immer richtig gelegen. Gerade weil sie so einen weiten Weg hinter sich haben, ist ihnen bewusst, dass sie – neben dem Ehrgeiz und der harten Arbeit – auch viel Glück hatten. Eine entsprechende Grundhaltung ist Campino deshalb immens wichtig:

> »Wir sitzen manchmal da, sind dankbar und fassungslos, dass es mit uns schon so lange so gut geht. Weil uns bewusst ist, dass das ein Geschenk ist, wollen wir aber auch das Beste daraus machen. Nicht leichtfertig damit umgehen, dass so viele Leute unsere Musik als Soundtrack ihres Lebens gewählt haben – und oft genug noch mehr in uns reininterpretieren, als wir tatsächlich sind. Die zum Beispiel enttäuscht wären, wenn wir plötzlich für eine große Automobilfirma Werbung machen würden oder so etwas, weil sie sehen, dass wir noch Werte vertreten. Vielleicht hört sich das pathetisch an, aber ich freue mich darüber,

dass uns die Leute eine klare Haltung zutrauen, und ich bemühe mich, sie nicht zu enttäuschen.«

Wahrscheinlich verfahren Die Toten Hosen bei ihren Entscheidungen, welche Deals sie eingehen, ähnlich wie die Band R.E.M., die eine Art Vorzeige-Modell dafür ist, wie man es vom Underground in den Mainstream schaffen kann, ohne sich korrumpieren zu lassen. Ihr Bassist Mike Mills sagte einmal: »Es ist ganz einfach: Wir wissen, was wir alles auf keinen Fall machen wollen. Und was dann übrig bleibt, darüber diskutieren wir.« Offensichtlich ist bei beiden Bands keine große Geldgier vorhanden, sie haben ja schon genügend davon. Die meisten Sponsoren-Angebote fallen also sofort durchs Raster – wer braucht das schon, wem bringt das was? Bei den Hosen geht es dagegen meistens darum, für welche Wohltätigkeitsorganisationen sie sich einsetzen könnten, bei welchen Aktionen sie mitmachen. Kaum eine andere deutsche Band ist dermaßen begehrt, wenn es um gute Zwecke geht. Die Toten Hosen setzen sich in vielen gesellschaftspolitischen Feldern ein: Sie engagieren sich gegen Rassismus und Antisemitismus, kämpfen für Umwelt- und Tierschutz und gegen Armut und Hunger in Afrika – die Bandbreite ist groß. Der Gegenwind, der Campino stets entgegenschlägt, ebenso. Dass er sich davon nie unterkriegen lässt, sollte man zumindest mit Respekt zur Kenntnis nehmen.

Dass sie sich für eine gute Sache notfalls aus ihrer Komfortzone hinausbewegen und mit ganz unpunkigen Leuten – Juppies, Hippies, egal – verbünden würden, beschlossen sie früh in ihrer Karriere. Sie nannten es den »Großen-Koalitions-Gedanken«. Der 27. Juli 1986 war der erste Meilenstein: Die Toten Hosen traten beim Anti-WAAhnsinns-Festival in Burglengenfeld vor mehr als 100 000 Zuschauer:innen auf. Es ging um den Protest gegen die Wiederaufarbeitungsanlage in Wackersdorf, mit den Einnahmen sollten auch die Prozesskosten bezahlt werden, die auf viele Demonstranten damals zukamen. Mit dabei waren Herbert Grönemeyer, Udo Lindenberg, Rio Reiser, BAP. Alle spielten ohne Gage, ohne Ego freilich nicht: Jeder wollte gern als Letztes auftreten. Die Hosen eröffneten schließlich den zweiten Festivaltag, um 11 Uhr morgens – mit Luftschutzsirenen-Lärm und dem Song »Großalarm«. Am Ende ihres Gigs gab es das obligatorische All-Star-Gegröle, bei dem nicht nur die Apokalypse-Hymne »Am 30. Mai ist der Weltuntergang« zum Besten gegeben wurde, sondern auch ein bisschen »Hofgarten« und anderer Quatsch. Ein ernster Hintergrund ist für diese Band noch lange kein Grund, sich auch selbst allzu ernst zu nehmen. Jedenfalls nicht immer.

Das gesellschaftliche Thema, mit dem sie sich in den vergangenen vier Jahrzehnten wohl am ausgiebigsten und öffentlichkeitswirksamsten beschäftigt haben, ist Rassismus. Seit Gründung der Band hatten sie immer wieder mit Skinheads zu tun gehabt, aber dann ging es plötzlich um mehr als Schlägereien mit kleinen Neonazi-Gruppen – es ging um die Angst, dass die Gesellschaft kippt. Als es nach der Wiedervereinigung vermehrt Angriffe auf Asylunterkünfte gab und der Hass gegen Geflüchtete nicht einmal mehr versteckt wurde, schrieb Campino sozusagen aus Notwehr das Lied »Sascha ... ein aufrechter Deutscher«. Es ist eine bewusste Aufzählung von Klischees: So ist er, der dumme Deutsche, der einen Sündenbock für sein verkorkstes Leben sucht. Ein paar Schlaumeier machten sich darüber lustig, dass Campino »auf Sintis hat er eine Wut« singt, weil es doch »Sinti« heißen müsste – aber der ganze Song ist ja eine Abrechnung mit dem Stumpfsinn, die Moral kommt am

Ende mit dem Knüppel: »Vor gut 50 Jahren hat's schon einer probiert. / Die Sache ging daneben, Sascha hat's nicht kapiert.«

In dem Sonderheft *Spiegel Geschichte* (3/2021) erinnert sich Campino an den Oktober 1992, als er an der KZ-Gedenkstätte Sachsenhausen eine Rede halten sollte. Einige Tage zuvor hatten Rechtsextreme einen Brandanschlag auf eine Baracke dort verübt. Die Toten Hosen waren gerade erst aus Südamerika zurück, der Sänger wusste nicht, was er sagen sollte. Die Band hatte bereits beschlossen, die Einnahmen der Single »Sascha« an Initiativen gegen Rassismus und Antisemitismus zu spenden. Sie versuchten, der Sprachlosigkeit etwas entgegenzusetzen. Sie bekamen Morddrohungen, ihre Familien auch. Kein Grund aufzugeben, im Gegenteil. In Sachsenhausen begann Campino seine Rede schließlich mit den Worten, die später auch im Song »Willkommen in Deutschland« auftauchten: »Dies ist das Land, in dem zu viele schweigen, wenn Nazis auf die Straßen gehen, um der ganzen Welt zu beweisen, dass die Deutschen wieder die Deutschen sind …« Diese Deutschen wollten sie niemals sein, dagegen wehren sie sich bis heute. »Als Wichtigtuerei, kommerzielle Heuchelei, Klassensprechergehabe und Gutmenschentum« seien ihnen solche Aktionen oft angekreidet worden, schreibt Campino in *Spiegel Geschichte* – doch wie viel ist die Reinheit der Kunst wert, wenn man das Land, in dem sie entsteht, in Gefahr sieht? Und das Argument, die Band würde das alles zur Promotion nutzen, war damals schon Unsinn: Kaum jemand hatte es weniger nötig, das Geschäft lief ohnehin prima. Wahrscheinlich haben sie eher Leute abgeschreckt als neue Fans dazugewonnen mit ihrem vehementen Engagement.

Eine Zeitlang übertrieb der Sänger es aber wirklich. Campino saß in diversen Talkshows, äußerte sich hierzu und dazu.

1994 traf er Angela Merkel, damals Jugendministerin, zum Gespräch über Drogenkonsum und andere Gesellschaftsfragen. Irgendwann muss ihm selbst aufgefallen sein, dass seine Omnipräsenz zu anstrengend wird – vielleicht in dem Moment, als er sich 1997 bei der NDR-Gesprächsrunde *3 nach 9* den gönnerhaften, großmütterlichen Unsinn nicht mehr anhören konnte, den Maria Schell erzählte. (Nachdem sie zuerst verallgemeinernd behauptete, »die jungen Leute interessieren sich zu wenig für Politik oder irgendwelche Dinge, sie interessieren sich gar nicht für die Älteren«, wies sie auf ihren eigenen Sachverstand hin: »Ich kenne sogar die Tote Hose!«) Sichtlich genervt verließ Campino mit einer halbherzig gemurmelten Entschuldigung das Studio – »bevor ich mich im Ton vergreife«. 2002 machten Die Toten Hosen dann bei der PETA-Aktion »Lieber nackt als im Pelz« mit. Okay, das war immerhin ohne Gelaber. Ansonsten begannen sie, genauer zu überlegen, wofür sie sich einsetzen und in welchem (öffentlichen) Maße.

> »Egal wie gut die Themen sind, man bekommt Aggressionen, wenn sich immer wieder nur dieselben dazu äußern«, sagte Campino 2012 zu dem leidigen Thema Fernsehauftritte. »Ich glaube, ich war auch sensibel an der Kante, so wahrgenommen zu werden und zu nerven. Ich bin da hingegangen, weil ich eine Intention hatte und meine Gedanken rüberbringen wollte, aber ich habe mit der Zeit gemerkt, dass auf lange Sicht nicht das Fernsehen von mir ausgenutzt wurde, sondern ich vom Fernsehen. Ich habe den Kampf verloren, weil man mir immer weniger abgenommen hat, was ich sagen wollte. Nach dem Motto: Vorgestern redet er über Castor-Transporte, heute über Afrika – da war die Schlagkraft einfach weg.«

Doch wie hätten sie es besser wissen sollen? Die ersten Jahre im Rampenlicht waren für die Hosen ja mehr oder weniger *learning by doing*, kein leichter Prozess.

»Man muss eben auch lernen, damit umzugehen, berühmt zu sein – vor allem als Punkband. Es gab ja keine Anleitung und auch nicht viele Vorbilder. Diejenigen, die mal sehr erfolgreich waren – die Pistols, The Clash und so weiter –, hatten sich ja alle relativ schnell aufgelöst.«

Heute beschränken sich die Hosen im Wesentlichen auf drei Organisationen, die sie aus vollem Herzen und mit ganzer Kraft unterstützen: Neben »Kein Bock auf Nazis« und Oxfam ist das schon seit den frühen Neunzigern ProAsyl. Breiti erklärt, wie es dazu kam:

»Bei uns hat sich das Engagement für ProAsyl und Oxfam ganz natürlich ergeben. Wir sind groß geworden mit den Geschichten unserer Eltern über Krieg und Diktatur, so waren wir für solche Themen sensibilisiert.«

Es gibt einen grundsätzlichen Konsens in der Band: »Wir stehen völlig hinter allem, was diese Hilfsorganisationen machen. Sie sind absolut glaubwürdig, man kann sich hundertprozentig auf sie verlassen.« Und die Hosen machen sich nichts vor – sie wissen natürlich, dass es *preaching to the converted* ist, wenn sie wie 2018 in Chemnitz vor 65 000 Leuten unter dem Motto »Wir sind mehr« gegen rechte Gewalt spielen. Aber es ist immer noch besser, als gar nichts zu tun. »Wir sind nur eine Band, wir machen Musik, aber wir leben ja nicht im luftleeren Raum. Also versuchen wir mit unseren beschränkten Möglichkeiten, ein bisschen zu Verbesserungen beizutragen.« Die Stände, die ProAsyl und Oxfam bei allen Hosen-Konzerten aufbauen, sind stets gut besucht, die Organisationen sprechen von einem spürbaren Effekt.

Und manchmal, wenn es nötig ist, äußert sich Campino dezidierter zu den Themen, die ihm am Herzen liegen. Im September 2015 sprach er in einem *Rolling Stone*-Interview über die sogenannte Flüchtlingskrise und seine Haltung dazu. Er lobte vorsichtig das Vorgehen Deutschlands:

> »Ich denke, dass Frau Merkel und die Bundesregierung sehr spät reagiert haben, aber zum Glück endlich mal ein paar klare Worte gefallen sind. Wir haben in Europa den ersten Schritt gemacht – in der Hoffnung, dass andere nachziehen und man das Problem gemeinsam schultert.«

Er warnte abermals vor der verschärften Gefahr von rechts. Es passte fast zu gut, dass die Hosen gerade das Doppelalbum *Willkommen in Deutschland – ein Gedenkkonzert* veröffentlichten. Zwei Jahre zuvor hatten sie mit dem Sinfonieorchester der Robert Schumann Hochschule Düsseldorf Stücke aufgenommen, die von den Nazis als »Entartete Musik« diskreditiert worden waren. Lieder von den Comedian Harmonists, von Arnold Schönberg und aus der *Dreigroschenoper* wurden ergänzt durch eigene Songs, die plötzlich wieder erschreckend aktuell klangen.

Campino wies darauf hin, dass Solidaritätskonzerte immer nur ein symbolischer Akt sind und es um Engagement im Kleinen geht – um Zivilcourage im Alltag. Und natürlich sind sich die Hosen bewusst, dass sie mit ihren Statements nicht mehr so viele Leute aufhorchen lassen:

»Du kannst nicht erwarten, dass Die Toten Hosen und Herbert Grönemeyer für irgendein Raunen sorgen, wenn sie für ein Solikonzert zur Verfügung stehen. Es wissen ja eh alle, dass wir da grundsätzlich dabei sind … Aber was ist mit all denen, die sich raushalten?«

Ja, was ist mit denen? Warum sagen so viele Musiker:innen lieber nichts? Campino zeigt durchaus Verständnis, wenn Leute nicht bei Großveranstaltungen dabei sein wollen, bei denen sich alle gegenseitig auf die Schultern klopfen.

»Ich kann diese These nachvollziehen, finde sie aber letztendlich nicht richtig. Allerdings weiß ich ja, was es heißt, von den Meinungsmachern angeschossen zu werden. Davor fürchten sich mittlerweile viele. Die Angst, die Coolness zu verlieren, ist erstaunlich groß.«

Warum das bei Campino anders ist? »Ich bin raus aus der Nummer. Ich bin doch mit das Uncoolste, was du in der Republik treffen kannst, deshalb bedeutet mir solche Kritik wirklich nichts mehr.«

Wir erinnern uns an die Sache mit »Band Aid Thirty« 2014. Ein weiteres Thema, das den Hosen immer am Herzen lag, ist die Hilfe für Afrika. Campino ist seit langem sehr gut befreundet mit Bob Geldof, dem Initiator von »Band Aid« und »Live Aid«, der sich seit 1984 unermüdlich für den Kontinent engagiert. Die Toten Hosen waren schon im Juli 2005 beim »Live 8«-Konzert in Berlin dabei gewesen, einer Neuauflage des berühmten Benefizgigs von 1985. Im März 2007 reisten Andi, Breiti und Campino mit Oxfam-Mitarbeiter:innen durch Uganda, Sambia und Malawi – Geldof hatte darauf bestanden,

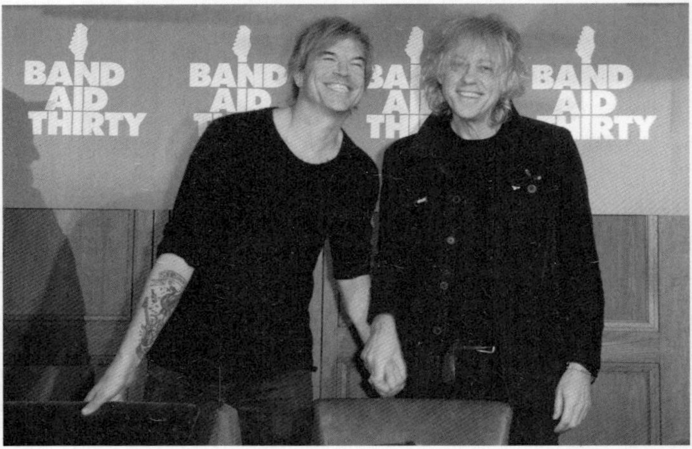

Da lachten sie noch: Campino mit Bob Geldof bei der Präsentation der »Band Aid Thirty«-Aktion, 2014

dass sie sich vor Ort umsehen, wenn sie sich ernsthaft für einen Schuldenerlass einsetzen wollen. Im Mai desselben Jahres traten sie in Rostock beim G8-Konzert unter dem Motto »Deine Stimme gegen Armut« auf.

Als Geldof also im Herbst 2014 bei Campino anrief und ihm erzählte, dass es nicht nur eine, sondern drei neue Versionen von »Do They Know It's Christmas?« geben solle, darunter eine deutschsprachige, hatte Campino im Grunde keine Wahl. Man muss Bob Geldof vielleicht einmal direkt erlebt haben, um zu wissen, dass Campino gar nicht nein sagen konnte. Die Wut, die Energie, der unbedingte Willen dieses Mannes zwingt einen dazu, sich ihm anzuschließen. Auch wenn man schon ahnt, dass es hart wird. Als Geldof mit Campino, Thees Uhlmann und Max Herre schließlich im November 2014 eine Pressekonferenz in Berlin gab, um das Projekt vorzustellen, schwante dem Initiator selbst auch schon Böses. Er wusste, dass es einen Backlash geben und er wieder als der wichtigtuerische Weltverbesserer gelten würde. Aber Geldof sagte auch klar: »Ich will nicht in einer Welt leben, in der Menschen so behandelt werden – in der Menschen sterben, weil sie arm sind, und wir tun nichts. Dann müssen eben wieder mal wir Popsänger etwas machen. Es ist das Uncoolste überhaupt, aber es ist auch das Wichtigste.«

Unter dem Namen »Band Aid Thirty«, neumodisch #BandAid30, sollten nun also drei Versionen des bekannten Weihnachtsliedes erscheinen – ein Hilfsprojekt, um die damals grassierende Ebola-Epidemie einzudämmen. Den deutschen Text schrieben Campino, Uhlmann und Marteria gemeinsam. »Allen ist klar, dass es nicht um das Lied geht«, betonte Campino schon mal vorsichtshalber, »sondern darum, überhaupt etwas zu tun.« Damit tröstete er sich wohl vorab darüber hinweg, dass in der Eile am Ende nicht jede Zeile richtig saß. Immerhin konnten so unterschiedliche Leute wie Max Raabe, Udo Lindenberg, Wolfgang Niedecken, Clueso, Cro, Gentleman, Adel Tawil, Jan Delay, Ina Müller und Michi Beck gewonnen werden. Uhlmann schreibt in *Die Toten Hosen*: »Nur eines war gut, und das waren die vier Millionen Euro, die wir eingespielt haben.« Er konnte auch nicht nein sagen, weil man zu Campino so wenig nein sagt wie zu Bob Geldof. »Wenn in diesen Zeiten ein Song ›politisch‹ und ›emotional‹ sein soll, dann kann es eigentlich nur schiefgehen. Das wussten wir auch.«

Natürlich brach dann die übliche Häme über Campino herein, es gab ein bisschen berechtigte, konstruktive Kritik (am etwas banalen Text, am nicht geschmackssicheren Video) und sehr viel zynische. Es mag naiv sein, aber vielleicht wollten hier ein paar Musiker:innen wirklich nur im Rahmen ihrer Möglichkeiten etwas Gutes tun? Und dann fragt zur Belohnung Jan Böhmermann in seiner ZDFneo-Sendung »Do They Know It's Scheiße?« Da platzte dann sogar dem Sänger, der sich inzwischen für relativ immun gegen billige Anfeindungen hielt, der Kragen – bei einem Radiointerview für 1Live. »Denkst du, ich bin ein Roboter?«, fragte er, natürlich gehe ihm das alles nahe. Aber: »Von mir aus stelle ich mich nackt auf den Domplatz und lasse mich beschimpfen und beschmeißen. Aber dann wird gefälligst für Afrika gezahlt – dann könnt ihr mich alle haben.« Ein sehr sympathischer Moment.

Auch wenn das gesellschaftliche Engagement Campinos manchmal die Band überschattet hat (ein Schicksal, dass er mit Bono und U2 teilt – keine schlechte Gesellschaft), geht es letztendlich doch vor allem um Musik. Wenn sich nicht gerade der Fußball in den Vordergrund drängt.

»Auswärtsspiel«: Der Sport

Es ist ja nicht ungewöhnlich, dass Männer (und sogar Frauen!) sich leidenschaftlich für Fußball interessieren, doch der Enthusiasmus, mit dem Campino seiner Lieblingsmannschaft folgt, übertrifft die meisten. 2020 schrieb er sogar ein Buch darüber – *Hope Street: Wie ich einmal englischer Meister wurde.* Es ist nämlich so, dass Campino zwar quasi per Geburt Fortuna Düsseldorf unterstützt, aber sein Herz hängt noch viel mehr am FC Liverpool. Das erste Spiel der Reds sah er am 29. März 1978, es war die Initialzündung, er war 15 Jahre alt – die Mannschaft spielte auswärts gegen Borussia Mönchengladbach. Kurz nach seinem 17. Geburtstag fuhr er dann erstmals nach Liverpool selbst, zur berühmten Anfield Road. Und er blieb dem Verein so treu, wie er es seiner Band geblieben ist, durch alle Höhen und Tiefen. Als Liverpool im April 2008 im Halbfinale der Champions League ausschied, trat Campino frustriert gegen eine Mülltonne und brach sich den Fuß. Die folgende kleine Tournee, unter anderem mit Auftritten bei Rock am Ring und Rock im Park, nannten die Hosen folgerichtig »Hals- und Beinbruch«.

Seit Jahrzehnten reist Campino zu möglichst vielen Spielen. Selbst die Tourpläne werden danach ausgerichtet, Studioaufnahmen notfalls unterbrochen, Freunde und Freundinnen mussten sich ohnehin stets damit abfinden. Sorgen, das gibt er in *Hope Street* zu, macht ihm die Tatsache, dass dieses Herumfliegen natürlich eine »Umweltsauerei« ist, er beruhigt sich, indem er Klimaschutzinitiativen unterstützt und den CO_2-Ausstoß gleich doppelt kompensiert. Kein schlechtes Gewissen hat er angesichts seiner extrem ehrgeizigen Einstellung – von »Hauptsache dabei« hält er wenig, wie er unumwunden zugibt: »Für mich heißt es immer: Möge mein Team gewinnen, egal, wie lausig, verkrampft und glückreich.« Wer ihn einmal im Stadion gesehen hat, weiß, wie ernst er das meint. Er fiebert dann mit seinem gesamten Körper und allen Fasern mit, es zählt nur die aktuelle Halbzeit.

Natürlich weiß Campino, dass diese Fixierung eigentlich Quatsch ist – aber gibt es sehr viel Schöneres als sinnlosen Quatsch, der einfach nur Spaß macht? Als Kinder wussten wir doch noch, dass wir gerade mit genau den richtigen Spielen unsere Zeit verschwendeten, wenn die Eltern fragten: »Hast du nichts Besseres zu tun?« Manchmal ist es das Herrlichste, stundenlang auf der Couch zu liegen und in die Luft zu gucken, manchmal fährt man einen halben Tag lang irgendwohin, um dann 90 Minuten fremden Leuten beim Ballhinterherlaufen zuzuschauen – und nichts davon sollte man bereuen, solange man es voller Freude tut. Das Leben ist kurz und schwer genug, es darf auch mal für Momente leicht sein.

Campinos Herz schlägt also für Liverpool, die Hosen spielen ja nicht grundlos am Ende jedes Konzerts deren Hymne »You'll Never Walk Alone«. Doch in harten Zeiten sind sie auch immer für ihre Lokalmannschaft dagewesen. Schon 1987 engagierten sie sich für Fortuna Düsseldorf. Sie beschlossen, auf der nächsten Tournee Geld zu sammeln (eine Mark pro Ticket, die sogenannte »Fortuna-Mark«) und einen Spieler zu kaufen, um

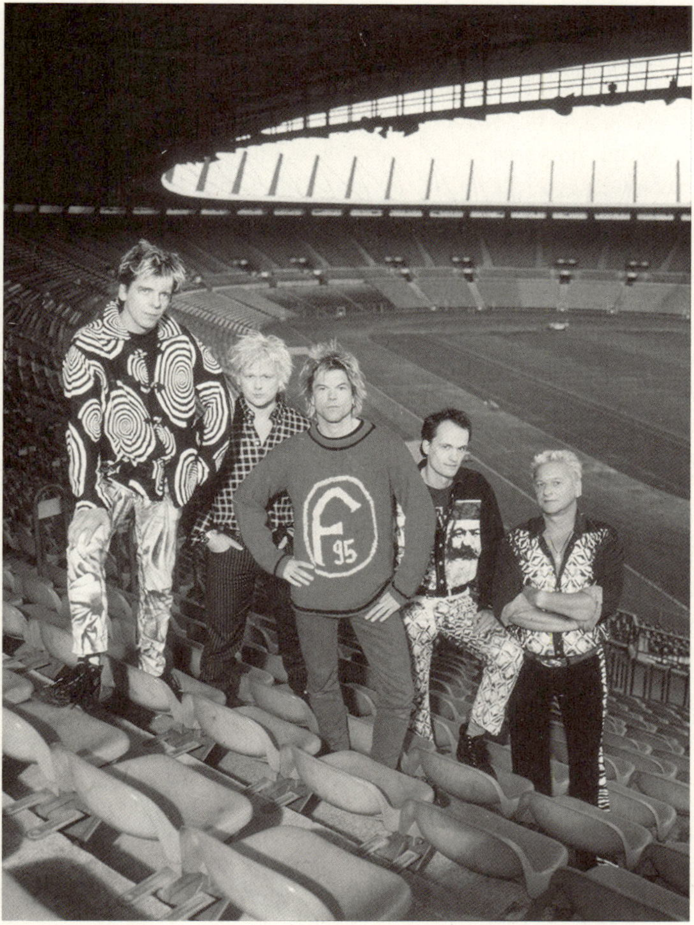

Immer bereit, dem Verein ihrer Heimatstadt zu helfen: Die Toten Hosen im Rheinstadion, 1997

beim Wiederaufstieg in die erste Liga zu helfen. Bis zum Sommer 1989 kamen so etwa 150 000 Mark zusammen. Inzwischen spielte die Fortuna zwar schon wieder erstklassig, aber das Geld floss in den Kauf von Anthony Baffoe – allerdings reichte es nur ungefähr für ein halbes Bein. Immerhin! Der Mittelfeldspieler war jedenfalls begeistert – Jahre später erinnerte er sich in der Rubrik »Freunde« auf www.dietotenhosen.de: »Ich fand klasse, dass das nicht einfach ein PR-Gag einer bekannten Band war, sondern dass die Jungs wirklich dahinterstanden. Es ist ja ein Wahnsinn, wie die hinter ihrem Verein und hinter ihrer ganzen Stadt stehen!« Baffoe selbst ging nach knapp drei Jahren ins Ausland, angeblich mochte der neue Fortuna-Trainer seine Frisur nicht.

Tatsächlich brauchte Fortuna Düsseldorf erst nach der Jahrtausendwende dann wirklich Unterstützung: Damals waren sie in der vierten Liga gestrandet und in großen finanziellen Schwierigkeiten. Es drohte der Lizenzentzug. Die Hosen ließen sich nicht lange bitten und wurden für zwei Jahre – von 2001 bis 2003 – zum Hauptsponsor, ihr Totenkopf-Logo prangte also nun auf den Trikots. Aber es wären nicht die cleveren Hosen, wenn sie sich das Geld dafür nicht an anderer Stelle wieder reingeholt hätten: Bisher hatten sie alle Sponsoring-Angebote abgelehnt, nun ließen sie erstmals einen Präsentator für die Tournee zu, die sie 2002 geplant hatten. Die Brauerei Diebels bezahlte dafür eine Million Euro, die direkt an die Fortuna weitergegeben wurde. Am 13. Juni 2001 titelte der Düsseldorfer *Express*: »1 Million! Tote Hosen retten Fortuna«.

Seit 2012 sind die Hosen Ehrenmitglieder bei Fortuna Düsseldorf, und wenn es sich ergibt, machen sie weiterhin gemeinsame Sache – so 2019, als sie unter dem Motto »Alles aus Liebe« ein Sondertrikot herausgaben, das die Mannschaft beim

Heimspiel im November gegen den FC Bayern trug. Die Erlöse kamen dem hauseigenen Nachwuchsleistungszentrum zugute. »Fortuna und Die Toten Hosen, das gehört zusammen wie Düsseldorf und Altbier«, ließ die Band verlauten. Natürlich war es auch eine schöne Gelegenheit, mal wieder den einen Verein zu ärgern, zu dem die Hosen ein eher schwieriges Verhältnis haben. Der Ärger mit dem FC Bayern begann 1999 mit dem Song, dessen Text sich Campino mit dem befreundeten Liedermacher Funny van Dannen, einem Anhänger der nicht unbedingt subtilen Satire, ausgedacht hatte. Die Kernaussage von »Bayern« lautet: »Es kann so viel passieren / Es kann so viel geschehen / Nur eins weiß ich hundertprozentig / Nie im Leben würde ich zu Bayern gehen«.

Uli Hoeneß, damals Manager bei dem »Scheiß-Verein«, wie es im Song auch heißt, war nicht amüsiert. Und weil Hoeneß nun mal kein Mann ist, der mit seiner Meinung vornehm hinterm Berg hält, holzte er zurück: »Die Toten Hosen? Das ist der Dreck, an dem unsere Gesellschaft mal ersticken wird.« Dabei sind sich die beiden Parteien in ihrer unbedingten Loyalität und dem verbissenen Einsatz für den eigenen Verein durchaus ähnlich. In diesem Fall war es für die Hosen leichter, entspannt zu reagieren – auch wenn nicht alles so klappte, wie sie es sich wünschten. Als es zum Saisonende 2000 so aussah, als würden die Bayern die Meisterschaft Leverkusen überlassen müssen, bestellten die Hosen ein Flugzeug, das in den letzten Spielminuten über dem Münchner Olympiastadion ein Spruchband zeigen sollte: »Die Toten Hosen gratulieren dem FC Bayern.« Tatsächlich gewannen die Münchner dann überraschend ihr letztes Spiel, während Leverkusen andernorts verlor – und die Hosen ließen das Banner trotzdem fliegen. Sie wollten nicht kleinlich sein. Und sie ließen es sich auch nicht nehmen, den

Das Düsseldorf der Toten Hosen

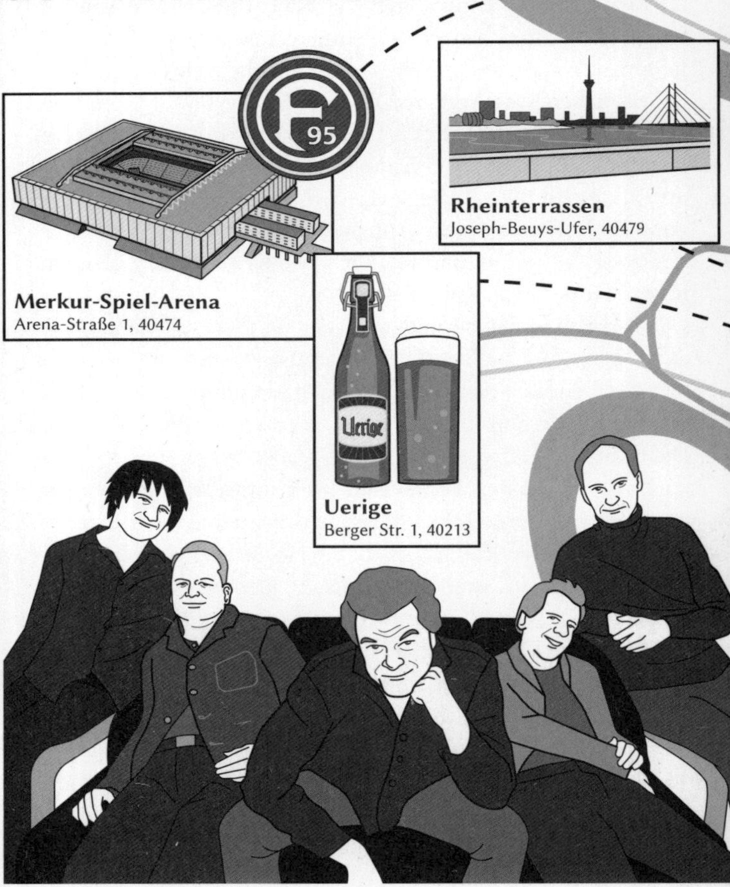

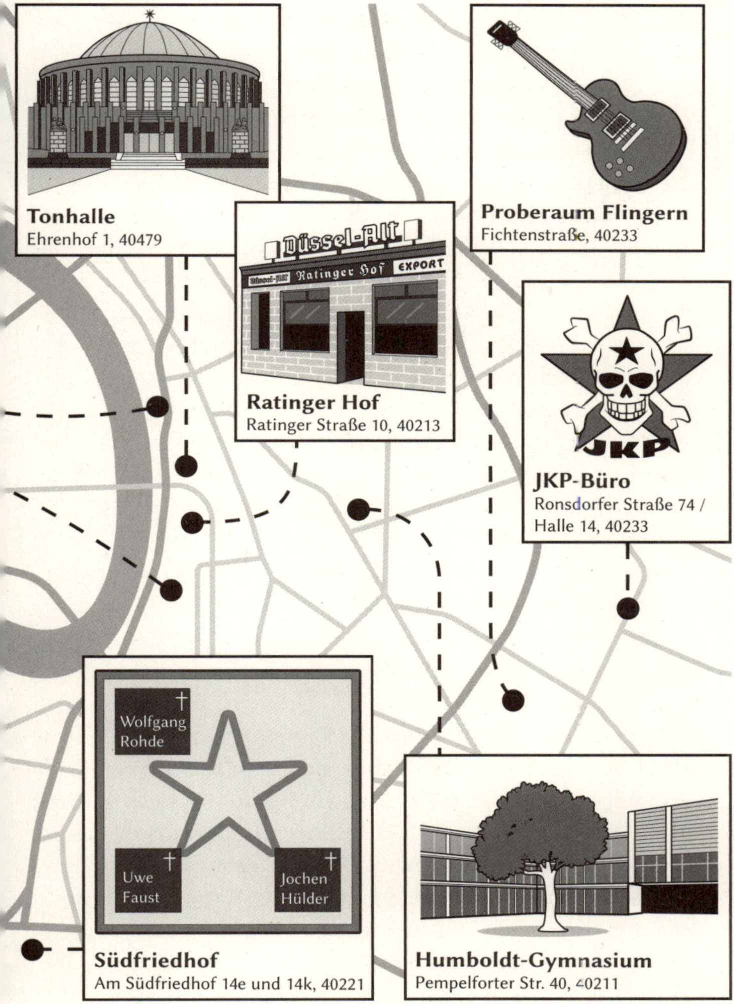

Tonhalle
Ehrenhof 1, 40479
Düssel-Alt
Düssel-Alt Ratinger Hof EXPORT
Ratinger Hof
Ratinger Straße 10, 40213
Proberaum Flingern
Fichtenstraße, 40233
JKP
JKP-Büro
Ronsdorfer Straße 74 /
Halle 14, 40233
Wolfgang
Rohde
Uwe
Faust
Jochen
Hülder
Südfriedhof
Am Südfriedhof 14e und 14k, 40221
Humboldt-Gymnasium
Pempelforter Str. 40, 40211

»Bayern«-Song immer mal wieder bei Konzerten in München zu spielen – allen Buh-Rufen und Pfiffen zum Trotz.

Zwischendurch halfen Die Toten Hosen auch zwei Eishockeyvereinen. Seit 2012 unterstützen sie die Düsseldorfer Eislauf-Gemeinschaft, kurz DEG. Sie wurden die ersten Mitglieder im Retter-Verein »DEG-Club 2012«, auf den Trikots prangte das Totenkopflogo und der Schriftzug »Alles aus Liebe«. Seit 2016 ist Campino außerdem Ehrenmitglied beim EV Füssen – der Verein hatte nach einer Insolvenz 2015 und dem Abstieg in die Bezirksklasse unter anderem Namen neu anfangen müssen. Das DTH-Logo und der Songtitel »Steh auf, wenn du am Boden bist« schmückten dann 2019 auch das Trikot dieses Vereins. Aber zurück zum Fußball.

Im Jahr 2019 verlieh der DFB der Band den Julius-Hirsch-Ehrenpreis für ihr Engagement gegen Rassismus, Rechtsextremismus und Antisemitismus. In der Begründung hieß es:

> »Der Fußball und die Musik sind zusammen ›ein starkes Stück Leben‹. Die Freude, die Emotionen, der Rhythmus und das Spiel verbinden die Menschen. Die Toten Hosen mischen bei diesem Spiel beispielhaft und erfolgreich mit.«

In *Ewig währt am längsten* erzählt Campino, dass es besonders die Haltung aus ihrer Anfangszeit ist, die sie mit dem Fußball verbindet. Man kann diese Einstellung immer noch sehen, wenn es bei einem Hosen-Konzert mal nicht rundläuft, wenn der Sänger erkältet ist oder das Wetter katastrophal – dann wird im Notfall eben gleich dreimal »Opel-Gang« angestimmt oder irgendein anderer Quatsch gemacht, um alle bei Laune zu halten. Die Maxime lautet: »Wenn schon nicht schön und elegant, dann wenigstens schnell und direkt nach vorne!«

»Kauf mich!«: Die Diskographie

Verkaufszahlen stellen immer nur eine Momentaufnahme dar, deshalb hier nur ein paar, um zu zeigen, von welchen Dimensionen wir sprechen: Die Toten Hosen haben mehr als 18 Millionen Tonträger allein in Deutschland verkauft. Spitzenreiter sind dabei *Opium fürs Volk* und *Reich & sexy* mit jeweils mehr als einer Million verkauften Alben, bei den Singles *Zehn kleine Jägermeister* (mehr als 500 000) und *Tage wie diese* (mehr als 900 000).

Die Musik bekamen Die Toten Hosen, nachdem sie beschlossen hatten, die Band richtig ernst zu nehmen, schnell in den Griff, wie die folgende Diskographie zeigt: Ihre Melodien wurden immer größer, die Instrumentierung professioneller. Aus simplem Punkrock wurde ein selbstbewusster Rocksound, und heute sind sie im Grunde ihr eigenes Genre: Hosen-Musik. Jederzeit erkennbar, was besonders an Campinos Stimme liegt. Mit den Texten war es über die Jahre etwas komplizierter. Das Repertoire des Sängers geht mittlerweile weit über die anfangs üblichen Feier-Hymnen hinaus. Sehnsucht und Vergänglichkeit sind seine Lieblingsthemen – und das Auflehnen dagegen, das Zelebrieren der Gegenwart. Leichter wird es dennoch nicht, er quält sich immer.

Doch was hat der Typ eigentlich für ein Problem? Es ist wahrscheinlich nicht (nur) der Erwartungsdruck von außen, der mit zunehmendem Erfolg kommt, es ist etwas Intrinsisches. Campino gehört nicht zu den Leuten, aus denen alles herausfließt, bei ihm ist Kreativität ein bewusster Arbeitsprozess. Er macht sich Notizen, aus denen dann mit Glück ein Lied entsteht. Seine Stolperfallen kennt er inzwischen gut: »Ich versuche am Anfang meistens, mich zu verstecken und gefällige Sachen zu schreiben, statt ehrlich zu sein. Man sollte nicht vorgeben, mehr zu sein, als man ist.« Und zu deprimierend sollte es auch nicht werden, das ist manchmal schwer – der Sänger neigt beim Texten nicht zur Fröhlichkeit, im Gegenteil. »Dieser Hang zum Nachsinnen und Grüblerischen ist bei mir vorhanden, das gebe ich zu, aber dem versuche ich gegenzusteuern. Es bringt ja niemandem was, sich ständig mein Gejammer anzuhören.« Deshalb hat er sich mal Funny van Dannen dazugeholt, zuletzt Marteria – Campino ist sich nicht zu fein für eine zweite Meinung. Meistens hat er selbst mindestens eine, schreibt seine Texte ständig um:

> »Bis zur letzten Minute. Manchmal geht es nur um zwei Worte. Es wird umgestoßen und rumgefeilt, die ganze Zeit. Ich versuche immer ein Gleichgewicht zu halten, eine gewisse Bandbreite zu haben – sechs Liebeslieder auf einer Platte gehen nicht. Es muss ja noch anderes geben, wovon ich erzählen kann!«

Die Liebe bleibt freilich das A&O für jeden Songwriter. Bei Campino geht sie häufig nicht gut aus – wie zum Beispiel beim Eifersuchtsdrama »Alles aus Liebe« (1993). Da leidet das Sprecher-Ich so sehr (»Ich bin kurz davor durchzudrehn / Aus

Angst, Dich zu verliern / Und dass uns jetzt kein Unglück geschieht / Dafür kann ich nicht garantiern.«), dass er im letzten Akt beschließt, sich und die Liebste umzubringen – Problem gelöst. Die Gangster-Fantasie »Bonnie & Clyde« endet drei Jahre später nicht glücklicher. Die meisten Liebeslieder der Toten Hosen pendeln zwischen brutaler, alles verzehrender Sehnsucht (»Tauschen gegen dich«, »Herz brennt«) und dem noch grausameren Alltag, in dem aneinander vorbeigelebt wird (»Er denkt, sie denkt«) oder einfach kein gemeinsamer Weg zu finden ist (»Niemals einer Meinung«, »Die Schöne und das Biest«).

Das zweite große Thema ist die Vergänglichkeit – der Tod beschäftigt Campino seit der Jugend, er ist ihm oft begegnet. Schon 1984 sang er in »Letzte Wache« davon, dass es schnell zu spät sein kann, wenn man nicht rechtzeitig versucht, mit den Menschen um sich die wichtigsten Dinge zu klären: »Ich hatte so viele Fragen / Ich wollte Dir noch so viel sagen.« Hin und wieder versuchte er auch, das Altern und all die Einschläge, die näher kommen, mit Humor zu nehmen, siehe »Graue Panther« (2002): »Früher schimpften wir über das Schweinesystem / und beschworen die Revolution. / Heute geht's um Rheuma und um Hodenkrebs / und unsere Altersversicherung.« Insgesamt nimmt er das alles aber sehr ernst – »Leben ist tödlich« (2008), ja, das stimmt. Manchmal kommen Liebe und Tod auch zusammen – besonders anrührend in »Alles wird vorübergehen« (2004): »Ich hab keine Angst zu sterben / Solange du bei mir bist / Doch halt dich nicht an meiner Liebe fest«.

Am besten brachte er es wohl 1995 auf den Punkt: »Jeden Tag stirbt ein Teil von Dir / Jeden Tag schwindet Deine Zeit / Jeden Tag ein Tag, den du verlierst / Nichts bleibt für die Ewigkeit.« Unsere Zeit hier ist begrenzt, also machen wir das Beste daraus. Die Aussicht aufs »Paradies« schien Campino zur selben Zeit suspekt – den gängigen Regeln, die laut Christentum dafür zu befolgen sind, mochte er sich nicht beugen: »Ich will nicht ins Paradies, wenn der Weg dorthin so schwierig ist / ich stelle keinen Antrag auf Asyl, meinetwegen bleib ich hier.« Partys, Drogen, Frauen: Auf »Warum werde ich nicht satt?« zählte er 1999 all die guten Dinge auf, die das Rockstarleben mit sich bringt – und dann: »Und auf dem Friedhof ist der beste Platz reserviert für mich.«

Es war die Zeit, in der Campino erneut mit dem Tod umgehen musste: Campinos Vater starb im September 1997, die Mutter am zweiten Weihnachtsfeiertag 2000. Für beide hat er später Lieder geschrieben: »Nur zu Besuch« (2002) spielt am Grab der Mutter und sorgt bei Konzerten immer für Tränen im Publikum, wenn er davon singt, dass sie sich irgendwann wiedersehen werden – »du kannst dich ja kümmern, wenn du willst / dass die Sonne an diesem Tag auch auf mein Grab scheint.« Zehn Jahre später, inzwischen hatte er selbst einen Sohn, bedankte er sich bei seinem Vater – in dem Bewusstsein, dass der Geist der Gestorbenen niemals verschwindet, sondern immer bei denen bleibt, die sie geliebt haben: »Und ich habe kapiert / Dass ich dich nie, niemals verlier' / Doch obwohl du mir bleibst / Fehlst du mir sehr.« Auch dem Manager Jochen Hülder setzte er ein Denkmal – 2017 mit »Eine Handvoll Erde«: Das Lied erzählt von der Beerdigung, aber auch sehr ehrlich vom Tag danach: »Will nach dir suchen, will noch was finden, komm mit dem Ende noch nicht klar / Ein Leben ohne dich bricht an, es hilft mir, dass ich weiß / Wir gehören immer noch zusammen, uns trennt nur ein bisschen Zeit.« All diese Menschen sind nur vorangegangen, demnächst gehen wir hinterher.

Ob in »Du lebst nur einmal« (2002) oder »Wir sind der Weg« (2004): Campinos Texte drehen sich oft darum, das Leben auszukosten, gerade im Wissen um die eigene Endlichkeit. Keine Zeit verlieren! Nichts aufschieben! Jetzt, nicht morgen. Zum Thema Lebenslust sagte er 2017, nicht lange nach dem Tod von Jochen Hülder und Wölli: »Wer noch da ist und Kraft hat, hat keinen Grund, dieses wahnsinnige Geschenk nicht zu würdigen. Das sollte idealerweise das Endergebnis aller Bilanzen sein.«

Der dritte große Themenkomplex im Werk der Toten Hosen ist: Deutschland. Die Gesellschaft. Der Nationalismus. Die Engstirnigkeit. 1988 sang Campino in »1000 gute Gründe«: »Wir lieben unser Land! / Für jeden Querkopf ein Gummigeschoss.« Und zwei Jahre später ging es in »5 vor 12« (1990) um den Gemüsehändler Erdal, der nach einer rassistischen Attacke im Krankenhaus liegt. »Sascha« (1992), »Willkommen in Deutschland« (1993): Immer wieder schrieb er gegen Rassismus und Diskriminierung an, auch in »Europa« (2012).

Und dann ist da – neben den schweren Themen – noch der Alkohol, den sie stets leichtnahmen. Das ging schon auf dem Debüt los, mit »Bis zum bitteren Ende« (1982): »Und die Jahre ziehen ins Land / Und wir trinken immer noch ohne Verstand / Denn eins das wissen wir ganz genau / Ohne Alk da wäre der Alltag zu grau«. In »Unter falscher Flagge« (1984) waren sie auf der Suche nach der Schnapsinsel, bei »Betrunken im Dienst« (1984) trafen sich Tod und Alkohol – ausnahmsweise mit gutem Ausgang, denn der Sensenmann zog unverrichteter Dinge ab, weil er zu breit für die Vollstreckung seines Auftrags war. Anfangs beschrieb Campino einfach, was er sah: Überall wurde gesoffen, warum drum herumreden? Ob 1986 in »Verschwende deine Zeit« (»Schon morgens läuft die Glotze / und der erste Schnaps ist dran.«) oder 2002 bei »Kein Alkohol (ist auch keine Lösung)!«: Die Toten Hosen weigerten sich beständig, auf Moralapostel zu machen und die fatalen Folgen von Alkoholmissbrauch anzusprechen. Wobei sie das bei genauem Hinhören bei »Zehn kleine Jägermeister« doch taten: »Vier kleine Jägermeister bei der Bundeswehr / Sie tranken um die Wette, den besten gibt's nicht mehr.«

So viel zur inhaltlichen Ausrichtung, dazwischen liegt freilich noch einiges mehr. Campino hat zwar längst eingesehen, dass es für ihn nur »fünf, sechs Grundthemen, die alle schon tausendfach besungen wurden« gibt, aber die will er immerhin so gut wie möglich ausformulieren – unterstützt von den Kollegen, die ihm dafür den richtigen Sound hinlegen. Es folgt: Ein knapper Überblick über das Werk der vergangenen 40 Jahre.

»Was zählt«: Die Studioalben

Opel-Gang (1983)

Jetzt sagen wir das Wort einmal und dann nie wieder: Fun-Punk. Es ist der Begriff, der den Toten Hosen in den ersten Jahren wie Kaugummi an den Schuhen klebte. Ein bisschen waren sie selbst schuld, die Inszenierung als fröhliche Punk-Proleten begann schon mit dem Cover ihres Debütalbums, auf dem sie verschmuddelt und offensichtlich unfähig an einem Auto rumschrauben. Und die Hosen wollten Spaß, und natürlich war das Punk – insofern … In der Rückschau ist es beachtlich, was der Band mit ihren geringen Fähigkeiten damals gelang. Außer dem Schlagzeuger Trini Trimpop gingen alle noch zur Schule, und die meisten Instrumente auf *Opel-Gang* musste Kuddel einspielen, weil der Rest noch nicht so weit

Zum Feiern: »Bis zum bitteren Ende«
Fürs Herz: »Allein vor deinem Haus oder Dein Vater der Boxer«
Merksatz: »Wir sind nur aus Düsseldorf / Wo kein Mensch irgendwelche Sorgen hat«

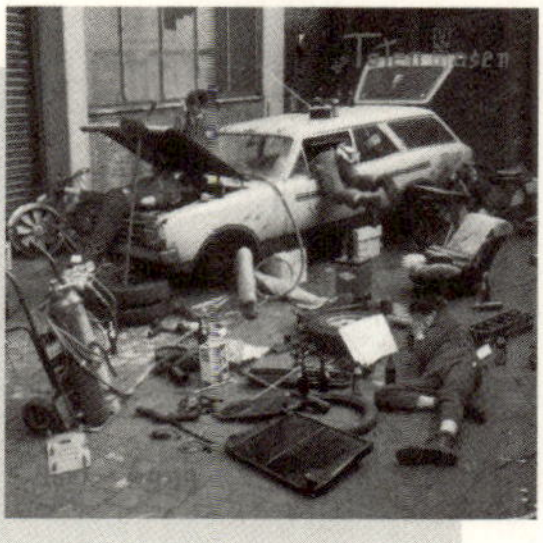

war. Campino dachte sich mit Hilfe der anderen ein paar Texte aus, damals ging das noch ohne größeren Aufwand. Es geht um Alltägliches: dubiose Erziehungsmethoden (»Willi muss ins Heim«), spießige Umgebung (»Modestadt Düsseldorf«), Rassismus (»Ülüsü«), Autofetischisten (»Opel-Gang«).

Musikalisch orientierten sie sich an ihren britischen Vorbildern, das passte auch gut mit dem robusten Produzenten Jon Caffery zusammen. So entstanden die ersten kleinen Hymnen mit vielen »Oh-oh-ohs«, scheppernden Riffs und einer Menge Energie, mit der sie den Dilettantismus ausglichen. Und die Hosen wollten provozieren, wofür macht man das sonst alles? Der Pennäler-Humor von »Hofgarten« verfolgte sie noch lange, aber dass sie das Album standesgemäß mit einem Sauflied beendeten, erwies sich auch nüchtern betrachtet als gute Entscheidung: Der Slogan »Bis zum bitteren Ende« ziert heute noch fast sämtliches Merchandise der Band. Und als sie mit dem New Yorker Rap-Pionier Fab 5 Freddy ihren »Eisgekühlten Bommerlunder« als »HipHop Bommi Bop« aufnahmen, war das eine der ersten Rock/Rap-Crossover-Produktionen überhaupt. Eat this, Aerosmith! Deren »Walk This Way« mit

Run-D.M.C. kam erst drei Jahre später. (Okay, The Clash hatten natürlich schon 1981 mit Grandmaster Flash And The Furious Five gemeinsame Sache gemacht.)

Unter falscher Flagge (1984)

Die Crux mit dem zweiten Album: Da hat man ein Leben lang Zeit für das Debüt, und danach muss es beim Anschlusswerk ganz schnell gehen, und dann erwarten die Leute noch, dass es mindestens genauso gut ist. Zwar beherrschten die Hosen inzwischen ihre Instrumente besser, doch woher die Songs nehmen? Sie begannen *Unter falscher Flagge* mit einer Version von Ennio Morricones »Spiel mir das Lied vom Tod«, dann folgt schon der definitive Hit, das Glücksspieldrama »Liebesspieler«.

Doch so wie das Pferd Liebesspieler gegen den Konkurrenten Mozartkugel verliert, verlieren Die Toten Hosen an Schwung. Stücke wie »Betrunken im Dienst« kommen trotz Klatschen und Keifen nicht recht aus dem Quark, die Melodien wirken gebraucht. Gleich etliche Lieder handeln schon hier vom Tod,

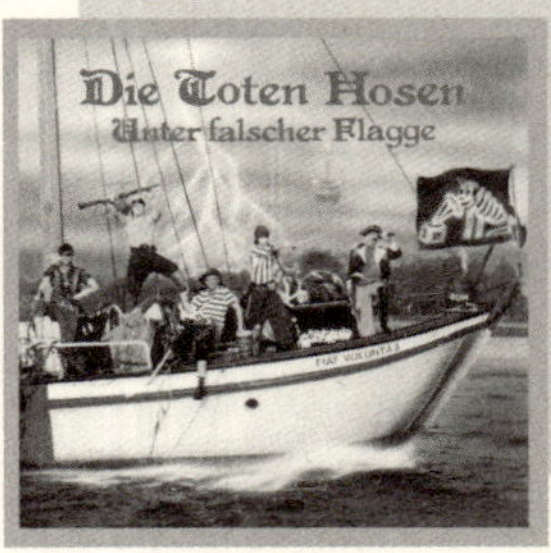

Zum Feiern: »Liebesspieler«
Fürs Herz: »Der Schandfleck«
Merksätze: »Ein rauer Haufen, der sich hier fand; / Keiner hat sich je vorher gekannt. / Nun sitzen alle im selben Boot / Und kämpfen gemeinsam gegen Durst und Tod.«

das hat Campino später oft gut hinbekommen, aber noch klingen die meisten Stücke etwas blutleer, und Hans Paetschs schöne Märchenonkelstimme beim Titelsong hat eine fast einschläfernde Wirkung. Dazwischen tut Drafi Deutschers »Shake Hands« richtig gut. Die Befürchtung »Aller Sekt wird nur noch Selters sein« wurde dann zum Glück trotzdem nicht wahr, die Hosen berappelten sich schnell.

Damenwahl (1986)

Jetzt aber! Das dritte Album ist nicht selten das entscheidende einer Karriere, und Die Toten Hosen hauen plötzlich wieder lauter Brecher raus. Sie haben nicht vor, je wieder zu verschwinden. Die Band hat ihre Nische gefunden. Am Schlagzeug sitzt inzwischen Wölli, alle arbeiten jetzt etwas zielgerichteter. Und doch lautet die Devise: »Komm mit uns, verschwende deine Zeit«. Sie zappeln sich durch »Disco in Moskau«, liefern eine fast kirchenkompatible A-cappella-Version von »Bis zum bitteren Ende«, verneigen sich satirisch vor der »Schwarzwaldklinik«.

Das Herzstück ist »Wort zum Sonntag« – es liefert die Maxi-

Zum Feiern: »Verschwende deine Zeit«
Fürs Herz: »Wort zum Sonntag«
Merksätze: »Das Ende setzen wir uns selbst / Und niemand anders auf der Welt / Begreift besser jetzt als nie / Es kommt erst, wenn es uns gefällt«

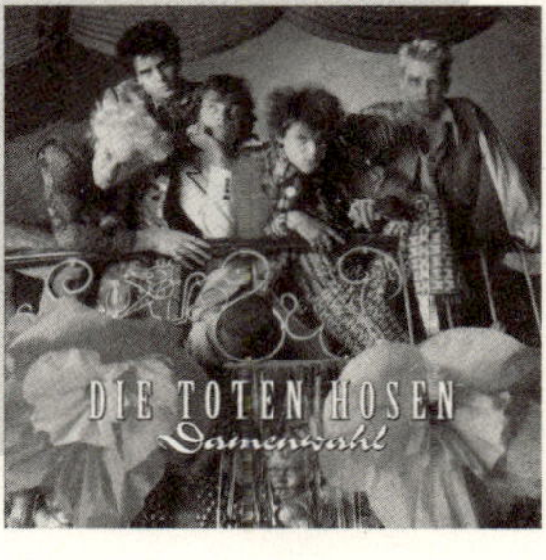

me, die sie den Rest ihres Lebens begleiten wird: »Wir werden immer laut durchs Leben zieh'n / Jeden Tag in jedem Jahr / Und wenn wir wirklich einmal anders sind / Ist das heute noch scheißegal«. Inzwischen stimmt zwar die Feststellung »Wir sind noch keine sechzig / Und wir sind auch nicht nah dran« nicht mehr, und schon 1991 mussten sie die Zeilen »Solange Johnny Thunders lebt / Solange bleib ich ein Punk« variieren, aber an der Kernaussage ändert das alles nichts. Es bleibt eine rührende Hymne übers richtige Altwerden und falsche Nostalgie – sie feiert die Freude am Leben und die Freunde. Dass Campino nebenbei »Zeitungsknaben« mit gegen Bäume pinkelnden Hunden vergleicht: geschenkt. Am Ende – das System hat sich früh etabliert – gibt es noch einen Schunkelspaß, diesmal Hans Ludwig Lonsdorfers »Altbierlied«.

Ein kleines bisschen Horrorschau (1988)

Damals war es noch eine kleine Sensation, dass eine Punkband jetzt Theater macht: Die Toten Hosen schrieben einige Lieder für die Bühnenfassung von Anthony Burgess' *Clockwork Orange*, die im Sommer 1988 in den Kammerspielen Bad Godesberg lief, und packten für das Album dann noch »andere schmutzige Melodien« dazu, so steht es auf dem Cover. Es wurde eine erstaunlich runde Sache aus dem Stückwerk.

Die dramatischen Streicher, der Schrei, die ersten Zeilen: »In einer Welt, in der man nur noch lebt, / damit man täglich roboten geht«. Auch mehr als 30 Jahre später hat »Hier kommt Alex« nichts von seiner Brutalität verloren – und das liegt gar nicht so sehr an provokanten Zeilen wie »Ob mit Stöcken oder Steinen, irgendwann platzt jeder Kopf«, sondern an der Art, wie die Hosen hier all den Frust der 80er Jahre, die Wut des

Zum Feiern: »Hier kommt Alex«
Fürs Herz: »Mehr davon«
Merksätze: »Sie alle gehörn zur Maschinerie / als ein Rädchen im System / Ohne sie würde sich das Uhrwerk / nicht mehr lange drehn.«

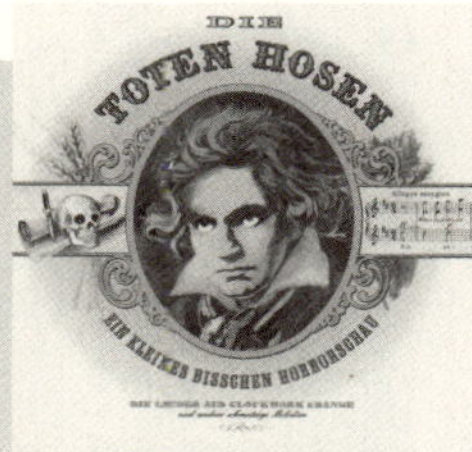

Zahnrädchens aufs System und den Willen zum Ausbruch in fünf Minuten verdichten.

Auch der Rest der Lieder handelt vom verheerenden Alltag und den Aggressionen, die er auslöst. Immer wieder beklemmend, wie bei »1000 gute Gründe« Campinos Stimme kippt, wenn er schreit: »Keiner scheint hier zu merken, / dass man kaum noch atmen kann.« Und wie effektiv das einfache Bild ist, das all die Verzweiflung eines Arbeiters ausdrückt, der am Fließband mürbe gemacht wird: »35 Jahre lang / Haken für den Duschvorhang«. Der Ausweg, der in »Mehr davon« gesucht wird, erweist sich auch als Sackgasse – es ist einer der besten, fast hypnotischen Hosen-Songs über (Sehn-)Sucht.

Eigentlich doch klar, dass das passt: Die Toten Hosen und das Theater. Vor großen Gesten und gewaltigen Worten hatten sie nie Angst, es durfte auch mal plakativ sein. Hauptsache, es trifft!

Auf dem Kreuzzug ins Glück (1990)

Die erste Nummer 1 der Toten Hosen. Ausgerechnet mit einem Doppelalbum! Damals war das ein tollkühnes Unterfangen, doch wie so viele wirkt auch dieses Mammutwerk etwas

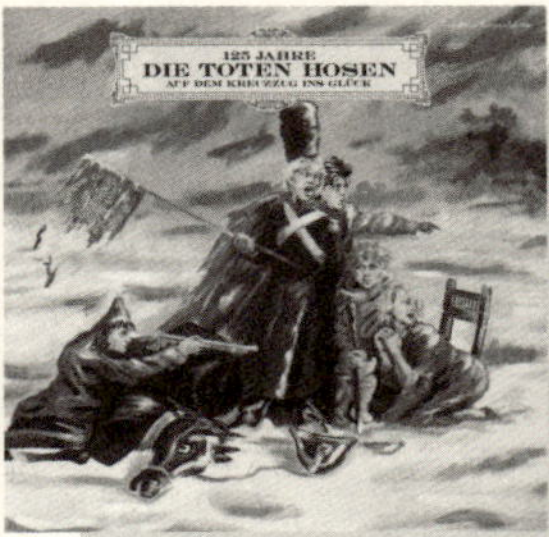

Zum Feiern: »Schönen Gruß, auf Wiederseh'n«
Fürs Herz: »All die ganzen Jahre«
Merksätze: »Wir stolpern einfach vorwärts / durch ein weiteres Jahrzehnt. / Mit vollem Bauch und leerem Kopf / auf einem Auge blind, / auf der Suche nach Zufriedenheit / Und irgendeinem Sinn.«

gestreckt, es fehlt der Spannungsbogen. Der Sprint liegt den Hosen besser als ein Marathon. Ein Dutzend neue Songs gibt es hier, ein paar Coverversionen und etliche ulkige Mixe bereits bekannter Stücke. Die Band spielt sich fröhlich durch verschiedene Genres und Ideen. Bei »First Time« von The Boys ist Honest John Plain zu Gast, auch »New Guitar in Town« von den Lurkers fahren sie sicher nach Hause, genau wie Adriano Celentanos »Azzurro«. Bei der »Willi«-Trilogie sind erstmals Gerhard Polt und die Biermösl Blosn dabei, die sie 1986 beim Anti-WAAhnsinns-Festival in Wackersdorf kennengelernt hatten – eine Freundschaft, die bis heute anhält.

Die Highlights sind die Songs, die sie immer noch gern spielen: »Alles wird gut« ist einer dieser Zukunftszweifelsongs (wie später etwa »Wünsch Dir was«), die Campino besonders liegen, und bei »All die ganzen Jahre« ist schon in den melancholischen Anfangstakten die Traurigkeit zu spüren, die manche Begegnungen mit früheren Freunden auslösen: »Ob es dir wohl auch so geht / dass du mich nicht mehr verstehst? / Es ist, als wäre das alles nie geschehn / Nichts ist mehr geblieben, / alles ausgelöscht, all die ganzen Jahre ...« Und dann der Rausschmeißer, ein Klassiker, der am Ende jedes Konzerts alle Arme in die Höhe bringt: »Schönen Gruß, auf Wiederseh'n«.

Kauf mich! (1993)

Dieses Produkt aus dem Hause Die Toten Hosen ist ein Bestseller. Zwar haben sich die kleinen Werbe-Jingles zwischen den Liedern schnell abgenutzt und nerven jetzt kolossal, aber bei den Songs spielt die Band alles aus, was sie kann – *Kauf mich!* ist praktisch ein Wunschkonzert für Hosen-Fans. Fiese Liebeslieder? Hier habt ihr sie im praktischen Doppelpack: das resignative »Niemals einer Meinung« und die (Selbst-)Mordfantasie »Alles aus Liebe«! Polit-Hymnen? Na klar, im Regal mit der Wut auf Rassisten und rechte Spießbürger. Brennende Asylunterkünfte, Neonaziparaden: Der Leidensdruck war damals groß, also sprechen »Sascha, ein aufrechter Deutscher« und »Willkommen in Deutschland« eine deutliche Sprache: »Dies ist das Land, in dem man nicht versteht, / dass ›fremd‹ kein Wort für ›feindlich‹ ist«.

Zum Feiern: »Wünsch Dir was«
Fürs Herz: »Alles aus Liebe«
Merksätze: »Es ist auch mein Land / und ich will nicht, dass ein viertes Reich draus wird / Es ist auch Dein Land / steh auf und hilf, dass blinder Hass es nicht zerstört.«

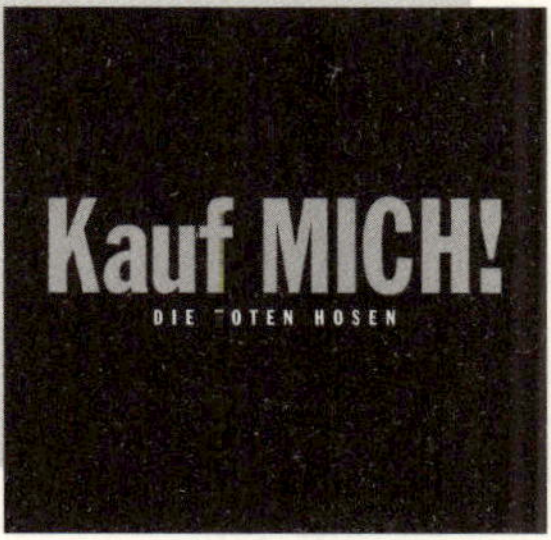

Späßchen? Da herrscht gerade etwas Mangel, aber Sarkasmus gibt es dafür eine Menge. »Wünsch Dir was« wurde oft fröhlich mitgegrölt, tatsächlich ist es keine optimistische Ode an die Macht der Hoffnung: »Es wird ein großer Sieg für die Gerechtigkeit / für Anstand und Moral. / Es wird die Wiederauferstehung vom heiligen Geist / und die vom Weihnachtsmann. // Es kommt die Zeit / in der das Wünschen wieder hilft.« Fast hätten wir uns Sorgen um Campinos Seelenzustand gemacht, doch das war nicht nötig – die Hosen liefen sich mit *Kauf mich!* warm für den vorläufigen Höhepunkt ihrer Karriere.

Opium fürs Volk (1996)

Ich lege mich fest: das beste Album der Toten Hosen. Ein Beruhigungsmittel war es nicht, im Gegenteil: Dieses Album über Gott und die Welt hatte es in sich, textlich und musikalisch. Die Band war jetzt endgültig erwachsen, ohne dabei ihre Wucht verloren zu haben. Grätschen haben Die Toten Hosen ja immer gut hinbekommen – auf der Bühne, bei ihren Alben, im wahren Leben. Witz und Wahrheit, Protest und Geschäft, Krawall und Nachdenklichkeit: Das Pendel schlug mal in die eine, mal in die andere Richtung aus, doch ihre Kernkompetenzen haben die fünf Freunde früh gefunden und sich bewahrt. Sie wissen, wie Hymnen gehen, die jedes Stadion singen kann. Und dass dazwischen auch Raum für Nachdenkliches ist.

Selten klangen die Hosen so grüblerisch wie hier. Campino war ins Kloster gegangen und kam mit einem Sack voller Sinnfragen zurück. Wo kommen wir her, wo gehen wir hin – und wie können wir die Gegenwart so gut wie möglich gestalten? Was bringt Religion, wie können wir uns vielleicht retten?

Zum Feiern: »Nichts bleibt für die Ewigkeit«
Fürs Herz: »Bonnie & Clyde«
Merksätze: »Von gestern und für morgen leben, niemals für das Hier und Jetzt / Du merkst, während du an deinen Plänen sitzt / Wie das Leben an dir vorüberzieht.«

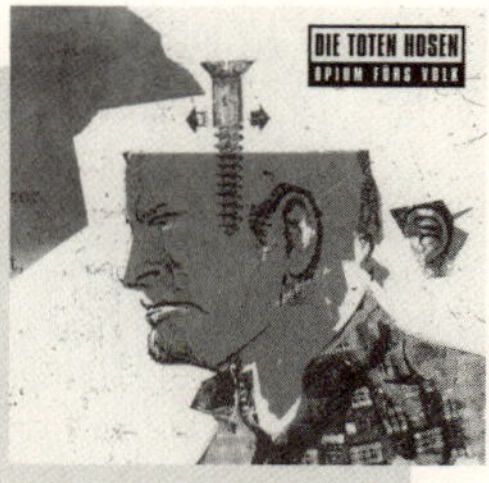

Spätestens ab hier ist Vergänglichkeit eines der Hauptthemen, das Durchhalten und Dranbleiben auch. In »Mensch« seziert er die beschädigte Kreatur, in »Böser Wolf« geht es um Kindesmissbrauch, »Der Froschkönig« quält sich mit Selbstzweifeln. Das Gangsterdrama »Bonnie & Clyde« und das trotzige »Paradies« werden zu Live-Favoriten. Haudrauf-Rock tritt auf fast zärtliches Geklampfe, ein Ohrwurm jagt den nächsten. Und dann hauen sie am Ende noch »Zehn kleine Jägermeister« raus. Ein reggae-infizierter Abzählreim, der bei MTV und VIVA rauf- und runterläuft. Albern und – die Hosen-Grätsche! – doch auch voller Gesellschaftskritik: »Zwei kleine Jägermeister baten um Asyl / Einer wurde angenommen, der andere war zu viel.«

Unsterblich (1999)

»Wir sind hier, um uns zu entschuldigen / und wir wollen nicht länger stören / Wir sind doch eigentlich genau wie Ihr / Wir möchten auch dazu gehören.« Na, das geht ja gut los! Tat-

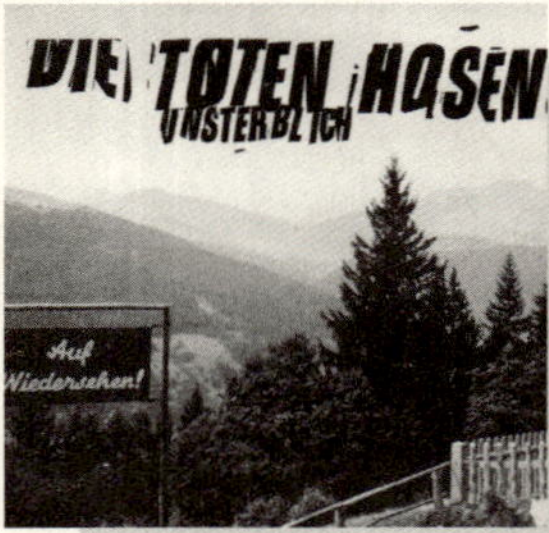

Zum Feiern: »Bayern« (im Freistaat alternativ: »Warum werde ich nicht satt?«)
Fürs Herz: »Unser Haus«
Merksätze: »Wir sind Helden, wir sind Diebe / Wir nehmen's so, wie es grad kommt. / Und wenn Ihr an etwas glauben wollt / glaubt an euch selbst und nicht an uns«

sächlich ist »Entschuldigung, es tut uns leid!« aber ein guter Einstieg in ein nicht ganz so gutes Album – den Hosen ging hier etwas die Puste aus. Campino hatte sich Funny van Dannen als Helfer geholt, doch banale Texte wie der zu »Lesbische, schwarze Behinderte« passten einfach nicht so recht zu ihm, auch »Schön sein« klang schal. »Bayern« war dagegen als reine Provokation gedacht, und das klappte ja auch ausgezeichnet.

Die obligatorischen Sinnfragen wie »Warum werde ich nicht satt?« oder »Wofür man lebt« sitzen besser. Die ruhigeren Stücke mit Orchester (»Unser Haus«) gelingen, nur der Titelsong kommt nicht recht vom Fleck. Das Highlight ist das programmatische »Helden und Diebe«, bei dem sie alles, was man ihnen vorwerfen kann, vorwegnehmen, und überhaupt: Ist das noch Punkrock? Relativ egal, wie sich herausstellte, denn *Unsterblich* war nur eine kurze Durststrecke, mit dem nächsten Album liefen die Hosen schon wieder zu großer Form auf.

Auswärtsspiel (2002)

Zu ihrem 20-jährigen Jubiläum traten sich die Hosen selbst in den Hintern und gewannen haushoch: *Auswärtsspiel* geht gleich mit einem Kracher los: »Du lebst nur einmal« ist Warnung und Kampfansage zugleich. Und weil keine Zeit zu verlieren ist, heizen die Hosen hier von Hit zu Hit: Der treibende Titelsong ist eingängiger als manche Fußballhymne, das schunkelige »Venceremos« und »Cokane in My Brain« hauen ordentlich auf die Pauke. Vielleicht lag es auch am Neuzugang Vom Ritchie, dass die Hosen fast entspannt klingen, auf jeden Fall sehr lebhaft. Da darf es auch mal simpel zugehen, solange es effektiv ist: »Steh auf, wenn Du am Boden bist« lässt sich sofort mitsingen. Am anderen Ende des Spektrums steht die rührende Ballade »Nur zu Besuch«. An der liebgewonnenen Tradition, am Schluss noch ein Spaßlied unterzubringen, halten die Hosen fest – und es geht mal wieder um Hochprozentiges: »Kein Alkohol (ist auch keine Lösung)!«. Einige Kritiker fanden das nicht mehr lustig, aber wie soll man bei solchen

Zum Feiern: »Kein Alkohol (ist auch keine Lösung)!«
Fürs Herz: »Nur zu Besuch«
Merksätze: »Es ist schwer, seinen Weg nicht zu verliern / und bei den Regeln und Gesetzen hier / ohne Verrat ein Leben zu führn / das man selber noch respektiert«

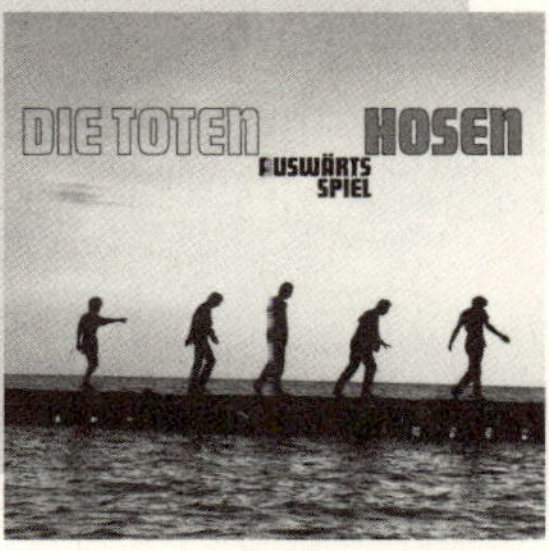

Zeilen nicht lachen: »Ein klarer Kopf ist die beste Droge / Na klar, das kann schon sein / Es gibt so viel schlaue Sätze dazu / Und mir fällt auch einer ein: Kein Alkohol ist auch keine Lösung!«

Zurück zum Glück (2004)

Mit »Kopf oder Zahl« geht es fast funky los, es klingt wie eine Kampfansage, die den Red Hot Chili Peppers auch gefallen könnte. Danach kehrt beim letzten Studioalbum mit Stammproduzent Jon Caffery ein bisschen Ratlosigkeit ein – fast alle Stücke drehen sich auf die eine oder andere Art um Fragen, die niemand beantworten kann. Wie kommt man damit klar, wenn das »Herz brennt«? Wie umgehen mit dem »Weiße[n] Rauschen«? Was tun, wenn die »Wunder« ausbleiben? »Beten«? Oder hoffen, »Alles wird vorübergehen«?

Und auch musikalisch wirken die Hosen etwas unentschlossen, zu viele zaudernde Halbballaden zwischen den Brechern: dem Whoa-whoa-Titelstück und der herzigen Hymne

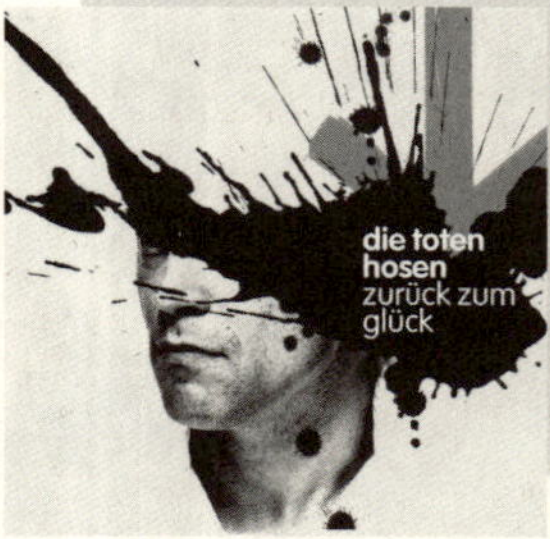

Zum Feiern: »Freunde«
Fürs Herz: »Ich bin die Sehnsucht in dir«
Merksätze: »Wir sind anders als die Anderen, auch wenn's keine Anderen gibt / Wir schwören uns immer wieder, dass das Beste vor uns liegt«

auf die »Freunde«. Das Spaßlied heißt diesmal »Walkampf«, ein netter Kalauer zum Mitschunkeln. Doch es steht nicht am Schluss, da haben sie sich für das deprimierende »Am Ende« entschieden. »Erst wenn es zu Ende ist, sehen wir, dass es keine Ziele gibt / Und dass das meiste, was wir tun, Zeitverschwendung ist …« Echt jetzt? Wo ist die Hoffnung hin?

In aller Stille (2008)

Neuer Produzent, neues Glück: Nach 26 Jahren gehen die Hosen erstmals ohne Jon Caffery ins Studio, Vincent Sorg übernimmt. Der Satz »Schachmatt, guten Tag!« ist schon mal ein sehr guter Start für ein Album. »Wir sind zurück, wie neugeboren«, schreit Campino im Auftaktsong »Strom« – und es ist klar, wo die Reise hingeht: zurück zur Essenz, volle Pulle voraus. Kompakter, auf den Punkt.

Mit »Innen alles neu« und »Leben ist tödlich« gelingen ihnen gute, harte Rocksongs ohne Schnörkel. »Alles, was war« ist ein klassischer Hosen-Song über alte Freunde und vergangene Liebe, »Tauschen gegen dich« erzählt dagegen überra-

Zum Feiern: »Strom«
Fürs Herz: »Auflösen«
Merksätze: »Am Anfang war der Lärm und / Dieser Lärm hört niemals auf / Am Tag, als der Herr uns schuf, da / hat er uns in Lärm getaucht«

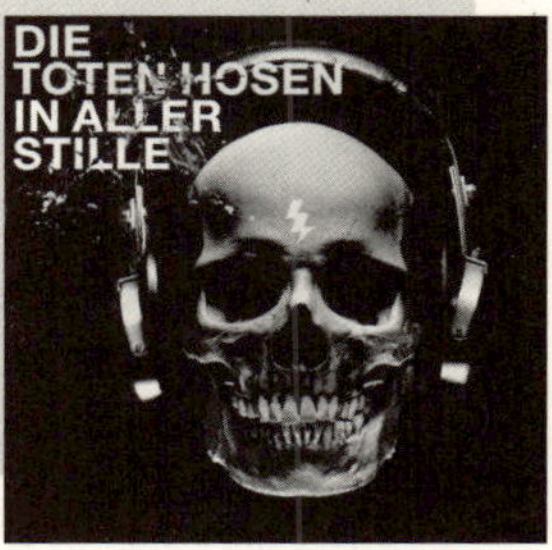

schend trocken von der Einsamkeit und dem, was wirklich wichtig ist. (Warnhinweis: Erfolg und Applaus sind es nicht.) Dazwischen warten auch ein paar Überraschungen: Es geht in die »Disco«, wo Trinker, Spanner, Kokser und leichte Mädchen warten, und es gibt das erste Duett der Bandgeschichte: Die Ballade »Auflösen« singt Campino mit der österreichischen Schauspielerin Birgit Minichmayr, offensichtlich ein Multitalent. Lustig fällt diesmal aus: Das Album endet mit dem Paranoia-Stück »Angst«.

Ballast der Republik und *Die Geister, die wir riefen* (2012)

Der größte Coup der Toten Hosen: Im 30. Jahr ihres Bestehens gelingt ihnen der Mega-Hit, der weit über alle Genregrenzen und die Rheinterrassen, die dort besungen werden, hinausgeht: »Tage wie diese«. Ein Glückstreffer, denn bis die 16 Songs fertig waren, quälten sich die Hosen ziemlich herum. Schließlich hatten sie mit Produzent Vincent Sorg, Arrangeur Tobias Kuhn und Co-Texter Marteria ihr Dreamteam zusammen – und klangen dank deren Hilfe so tote-hosig wie lange nicht mehr, whoa-whoa! Der Titelsong ist gleich ein klassisches Hosen-Stück, etwas defätistisch vielleicht: »Wir haben keine Zeit mehr / Für Politik und Religion / Wenn wir an Götter glauben / Dann tragen sie Trikots«. Campino wollte also nicht weiter das Gewicht der Welt auf seinen Schultern tragen, dafür feierten die Hosen jetzt mehr denn je den Zauber des Moments: Mit den euphorischen Hymnen »Altes Fieber« und »Das ist der Moment« lassen sie die Gegenwart hochleben, die Kraft der Musik – und finden in der irren Balance zwischen Alltag und Rockstarleben Melodien, die alle zum Armehochreißen und Mithüpfen animieren. Es ist keine Zeit mehr zu

Zum Feiern: »Tage wie diese«
Fürs Herz: »Draußen vor der Tür«
Merksätze: »Denn es geht nie vorüber / Dieses alte Fieber / Das immer dann hochkommt / Wenn wir zusammen sind // Wir stoßen an / Mit jedem Glas / Auf alle, die draufgegangen sind«

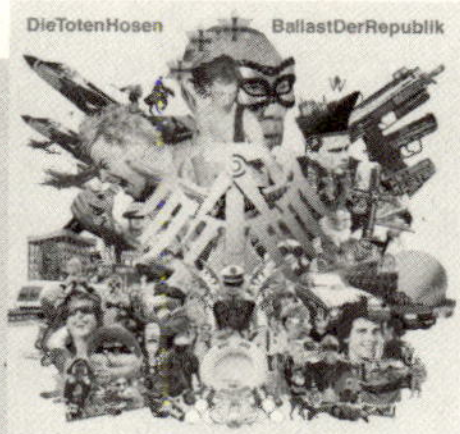

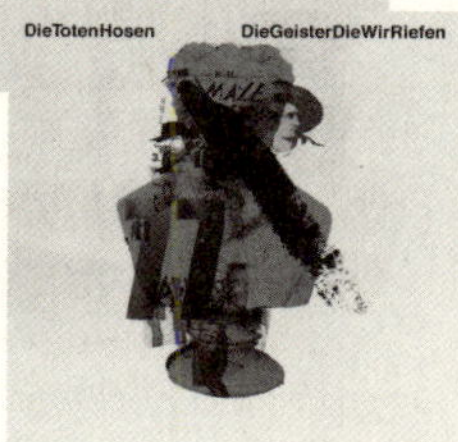

verschwenden! Das ist abermals auch politisch zu verstehen, wie das Flüchtlingsdrama »Europa« zeigt.

Als Bonus-Album legten die Hosen noch *Die Geister, die wir riefen* drauf: 15 Coverversionen von deutschsprachigen Klassikern. Von Hannes Waders »Heute hier, morgen dort« über Kraftwerks »Das Modell« bis zu Falcos »Rock Me Amadeus« wundert man sich bald über nichts mehr. »Keine Macht für niemand« von Ton Steine Scherben passt ebenso gut wie »Schrei nach Liebe« von den ewigen Konkurrenten, Die Ärzte. Die Hosen verzichten auf Experimente und ziehen recht klassisch den Hut. Und dann vertonten sie noch Hermann Hesses Einsamkeits-Gedicht »Im Nebel« und Erich Kästners »Stimmen aus dem Massengrab«, das muss man sich auch erst mal trauen. (Auf Rammstein haben sie hier zum Glück noch verzichtet – das kam dann später: Ihre Version von »Ohne dich« auf *Alles ohne Strom* ist zwar solide, aber doch unnötig: Till Lindemanns billige Provokationen stehen Campino einfach nicht.)

Mit dem »Ballast der Republik«-Team hatten sich die Hosen gut eingegroovt, doch in den Jahren, die seitdem vergangen sind, hatten sie einiges zu verkraften – so beginnt *Laune der Natur* mit »Urknall« und den Worten »Der Manager ist tot«. In »Eine Handvoll Erde« beschreibt Campino die Beerdigung, und zum Schluss taucht noch ein anderer Verstorbener auf: Der Song »Kein Grund zur Traurigkeit« stammt von Wölli.

Dazwischen ist aber auch sehr viel Leben auf diesem Album: Das etwas alberne »Wannsee« braucht es nicht unbedingt, aber in »Pop & Politik« drehen die Hosen ihren Kritikern sehr beschwingt eine Nase – natürlich geht es um die Frage, wie diese beiden Pole zusammenpassen: Will irgendwer noch die Kommentare dieser Band hören? Selbstironisch beschimpfen sie sich selbst: »Wir sagen's Euch im Guten, haltet Euch lieber raus / An Tagen wie diesen bleibt Ihr besser mal zuhaus'«. Natürlich keine Option. »Wie viele Jahre (Hasta La Muerte)« zeigt vielmehr: Anstelle von Schampus und Groupies gibt es jetzt Biosnacks, aber vorbei ist es noch lange nicht.

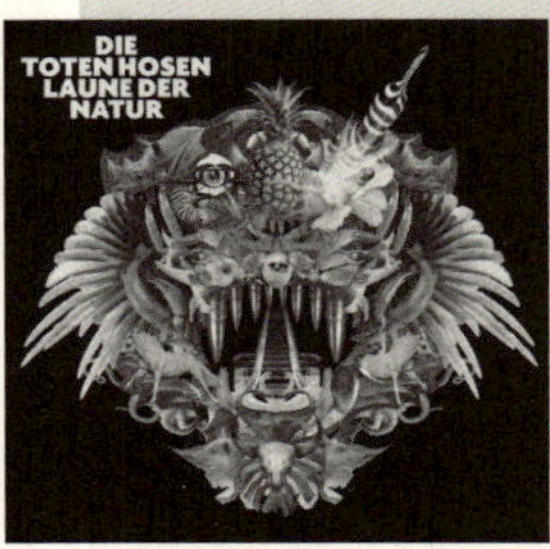

Zum Feiern: »Wie viele Jahre (Hasta La Muerte)«
Fürs Herz: »Eine Handvoll Erde«
Merksätze: »Ein halbes Leben sind wir schon unterwegs / ›Hasta La Muerte‹, das haben wir uns in unsere Haut geritzt«

Das hört man schon daran, dass den Hosen immer noch so kraftvolle Rocksongs gelingen, die sich nicht vor den alten Hits verstecken müssen.

Never Mind the Hosen: Die Nebenprojekte

Als hätten sie sonst nicht genug zu tun, gab es im Laufe der Jahre immer wieder Nebenprojekte, mit denen sich die Hosen die Zeit vertrieben. Das ging schon 1985 mit *Battle of the Bands* los, das parallel zu ihrem Auftritt im *Formel Eins Film* entstand. 1987 gönnten sie sich eine Auszeit und spielten unter einem Decknamen ein Album mit Schlager-Coverversionen ein: Auf *Never Mind the Hosen – Here's Die Roten Rosen* wird von Henry Valentinos »Im Wagen vor mir« bis zu »Halbstark« von den Yankees alles durch den Punkrock-Wolf gedreht, was sich nicht retten konnte – sogar Freddy Quinns Anti-Gammler-Hymne »Wir«.

Elf Jahre später kehrten Die Roten Rosen zurück: Auf *Wir warten aufs Christkind* (1999) interpretieren sie etliche Weihnachtsklassiker neu – und wer bei Kuddels geplärrtem »Still, still, still« Angst kriegt, der kann sich mit »Auld Lang Syne« zur Ruhe schunkeln.

Ernstzunehmender sind die restlichen Cover-Werke: Auf *Learning English Lesson 1* (1991) huldigen sie den Ramones und The Damned, aber auch (zumindest beim Mainstream-Anteil ihres Publikums) unbekannteren Punkbands wie The Adverts, The Boys oder Sham 69. Die Gästeliste ist beeindruckend: Joey Ramone, Captain Sensible und Wreckless Eric ließen sich nicht lange bitten. Mit »Born to Lose« ist auch eine der letzten Gesangsaufnahmen von Johnny Thunders zu hören, der am 23. April 1991 an den Folgen seiner Heroinsucht starb. Als Gitarrist der New York Dolls, mit seinen Heartbreakers und solo war er für die Hosen immer ein Vorbild – eine Schlüsselfigur der New Yorker Punkszene, ein wilder, unbeirrbarer Musiker und Mensch. Da *Learning English Lesson 2* 2017 an das Album *Laune der Natur* angehängt war, erschien die Verneigung vor der Liverpool-Szene als *Learning English Lesson 3: Mersey Beat* (2020).

Noch mehr englischsprachige Lieder gibt es auf *Crash Landing* (1999), für das Campino einige eigene Hosen-Stücke zusammen mit T. V. Smith übersetzte, einige neue kamen hinzu. Das Album enthält auch einen der besten Hosen-Songs überhaupt: »Pushed Again«.

»Mehr davon«: Die Best-ofs

Mit dem Erfolg kam der Gedanke an eine Compilation mit den größten Liedern auf – und von Zeit zu Zeit wurde nachgelegt. Die erste Best-of-Zusammenstellung erschien unter dem ironischen Titel *Reich & Sexy* (1993), in der englischen Version als *Love, Peace & Money* (1994). Teil zwei hieß nicht sehr originell *Reich & Sexy II* (2002), dafür sparten sie beim Cover keine Mühen: Es sind 90 nackte Frauen zu sehen, dazwischen die nackten Hosen. Das Doppelalbum teilt sich auf in *Die fetten Jahre* (Hits) und *Perlen vor die Säue* (B-Seiten). Die Lieder, die es nicht als Singles oder auf Alben geschafft hatten, fassten sie als *Vom Rest das Beste – Die DTH Single-B-Seiten-Kollektion* (2007) zusammen. Für die südamerikanische Gemeinde (siehe das Kapitel »Das Live-Spektakel«) gab es 2009 eine eigene Compilation, *La Hermandad*, auf der neben vielen *In aller Stille*-Stücken einige Kracher in Spanisch und Remix-Versionen zu finden sind, und neben diversen Boxsets 2011 auch noch ein weiteres Best-of: *All die ganzen Jahre: Ihre besten Lieder.* Alles in Ordnung, aber es gilt wie bei jeder Band: Wer sie wirklich mag, kauft die Studioalben.

»Wünsch Dir was«: Die Live-Aufnahmen

Natürlich ersetzt nichts ein Konzert, zumal eines der Toten Hosen, aber sie haben sich in den vergangenen Jahrzehnten viel Mühe gegeben, Konserven anzufertigen, die immerhin so nahe wie möglich an das eigentliche Erlebnis herankommen. Schon 1987 gab es das erste Live-Album, *Bis zum bitteren Ende*, gefolgt von *Im Auftrag des Herrn* (1996). Einen besonderen Abend dokumentiert *Nur zu Besuch – Unplugged im Wiener Burgtheater* (2005): die Hosen in ehrwürdiger Umgebung mit Cello, Klavier und Akkordeon.

Traditioneller, nämlich Tournee-Mitschnitte, waren dann *Machmalauter* (2009) und *Der Krach der Republik* (2013). 2015 veröffentlichten sie *Entartete Musik: Willkommen in Deutschland – Ein Gedenkkonzert*, das schon zwei Jahre zuvor aufgenommen worden war.

Der Live-Album-Hattrick kam 2019: *Zuhause live: Das Laune der Natour-Finale* feierte die gigantischste Tournee, die sie je veranstaltet hatten, und kam zusammen mit *Auf der Suche nach der Schnapsinsel: Live im SO36* – als wollten sie beweisen, dass sie beides können: großes Stadion und kleiner Club. Und das stimmt ja auch. Sie konnten sogar mit einem großen Orchester auftreten – siehe *Alles ohne Strom.* Der Titel ist allerdings gelogen, eingestöpselt waren die Instrumente schon.

Aber genug zu den Konserven, ab auf die Bühne!

»Tage wie diese«: Das Live-Spektakel – mit einem kleinen Ausflug nach Südamerika

Die größten Triumphe und Tragödien spielten sich bei den Toten Hosen immer auf der Bühne ab. Auch diejenigen, die niemals ihre Platten auflegen würden, stehen staunend vor der Euphorie, die Campino und seine Kollegen live erzeugen können. Da stimmt die beliebte Phrase »Die muss man live gesehen haben!« tatsächlich mal.

Inzwischen zählen die Hosen womöglich selbst nicht mehr mit, wie viele Konzerte sie gegeben haben, aber allein ihre Auftritte beim größten deutschen Rockfestival Rock am Ring zeigen, dass es nur wenige Headliner gibt, die ihnen Konkurrenz machen können. Sie spielten dort 1996, 2000, 2004, 2005, 2008, 2012, 2015 und 2017. Das Dutzend können sie vielleicht nicht mehr vollmachen, aber zuzutrauen wäre es ihnen. Sie brauchen wohl das Adrenalin und die Begeisterung, die ihnen bei den ganz großen Konzerten entgegenschlägt, wenn 80 000 Leute »Whoa-whoa« singen. Die Probleme, die damals die Beatles hatten, haben die Hosen zum Glück nicht – sie sind dank des modernen Equipments lauter als jede Menschenmasse. Und sie haben es mittlerweile größtenteils mit erwachsenen Fans zu tun, die feiern wollen, aber dabei nicht hysterisch werden. Einmal, 1997, gab Campino zu, dass er kreischende Leute entsetzlich findet.

> »Deshalb glaube ich auch, dass die Kelly-Family ihr Geld sehr hart verdient – überall wo die aussteigen dieses Huuuu-aaaaarghhhh. Das ist für die Nerven eine extreme Belastung. Ich kann auch bellende Hunde nicht ausstehen. Das gehört alles in den Zwinger!« (Tierfreunde, bitte nicht aufregen: Das war natürlich ein Witz.)

Apropos Beatles: Hin und wieder spielen die Hosen auch kleine Geheimgigs in Wohnzimmern oder winzigen Clubs. Sie nennen es die »Magical Mystery«-Konzerte und sind dann unter Pseudonym unterwegs – als Katastrophenkommando, Essen auf Rädern oder Rheinpiraten. Das sind Liebesdienste für die Fans – so können die Härtesten die Band auch mal wieder aus der Nähe sehen, sie anfassen oder wenigstens ein Bier mit ihnen trinken. Und ein bisschen Nostalgie ist wohl auch dabei – wenn die Hosen wie 2018 im Kreuzberger Schuppen SO36 spielen, dann kommen viele Erinnerungen hoch. Am 30. April 1982 spielten sie dort ihr zweites Konzert überhaupt – die Verbundenheit hat bis heute gehalten. Besonders spektakulär war das Konzert damals allerdings wohl nicht – es gab nur sieben Lieder, die sie ordentlich spielen konnten. Oder jedenfalls irgendwie spielen.

Ihren ersten richtig großen Auftritt hatten die Hosen 1986 beim Anti-WAAhnsinns-Festival in Burglengenfeld – es war auch der erste Auftritt überhaupt mit Wölli am Schlagzeug. Warum sollte er sich nicht gleich vor 100 000 Leuten bewähren? Von da an wurde alles größer und größer, die Konzerte dauerten immer länger, von 45 Minuten war sehr bald keine

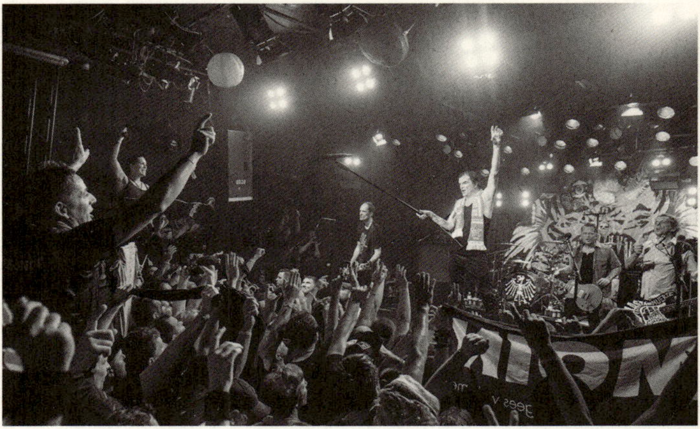

Fühlen sich auch auf kleinen Bühnen noch sehr wohl: Die Toten Hosen live im Kreuzberger 'SO36, 2018

Rede mehr, sie spielten mindestens doppelt so lange. Sie hatten ja genug Stoff – leider nicht nur in Sachen Songs. Zum Durchhalten gab es in den 90er Jahren immer mehr Speed und Kokain, auch mal Ecstasy. Das extreme Pendeln zwischen der Langeweile am Tag und der Euphorie bei Nacht schien nüchtern schwer aushaltbar. Alle Tour-Tage ähnelten sich inzwischen ziemlich: Soundcheck gegen 16 Uhr, danach nichts Schweres mehr essen. Vielleicht ein Interview fürs lokale Radio oder eine Zeitung, dann die Setlist besprechen, Tischtennis spielen und die müden Gelenke aufwärmen, sich langsam in Stimmung bringen. Dann alles geben.

Bis eines Tages etwas ganz schrecklich schiefging. Der schlimmste Abend, den es in ihrer Karriere jemals geben würde, war eigentlich als der schönste gedacht. Am 28. Juni 1997 wollten Die Toten Hosen ihr 1000. Konzert feiern, natürlich im Düsseldorfer Rheinstadion. 68 000 Zuschauer waren da, Fernsehen und Radio übertrugen live. Es war ein heißer Tag, schon am frühen Abend wurden etliche Kreislaufschwächen vermeldet. Dann ging es los, die Menge in der Arena tobte und wogte hin und her, von oben (ich stand auf dem sicheren Rang) sah es beängstigend aus, doch das war bei den Hosen oft so – das Pogo-Tanzen und Leute-über-die-Köpfe-hinweg-Tragen gehörte bei ihnen dazu, manchmal fiel einer hin, bisher waren immer alle wieder aufgestanden. Es war die Rede von Prellungen und Knochenbrüchen – auch noch nichts allzu Ungewöhnliches für ein Rockkonzert. Campino versuchte ständig, die Leute zu beruhigen, bat sie, einige Meter zurückzugehen, nicht immer weiter nach vorne zu drängen. Dann unterbrach die Band für 20 Minuten. Da ahnte man im Publikum schon, dass jetzt etwas Schlimmeres passiert sein musste.

Man möchte sich gar nicht vorstellen, wie es backstage bei den Hosen gewesen sein muss. Tourleiter Kiki Ressler musste ihnen mitteilen, dass ein Mädchen im Gedränge gestorben war. Natürlich wollte die Band das Konzert abbrechen, doch Polizei und Feuerwehr rieten ab: Jetzt nur keine weitere Panik erzeugen! Wie auf Autopilot spielten sie das Konzert zu Ende. Die schnellsten Nummern wurden gestrichen, die Setlist aufs Nötigste zusammengekürzt. Immer wieder sagte Campino, dass bitte alle aufeinander aufpassen sollen. Das Flutlicht blieb an. Es war ein bisschen gespenstisch, aber für Außenstehende war die Dramatik nicht in ihrer ganzen Dimension erkennbar. So professionell wie in diesen Minuten waren die Hosen wahrscheinlich niemals wieder, zum Glück mussten sie das nicht.

Am Ende spielten sie wie immer »You'll Never Walk Alone«, sonst gehen die Leute ja nicht nach Hause. Und dann war es aus. Hinter der Bühne wurde geweint, alle standen unter Schock. Campino wollte die Katastrophe so gern ungeschehen machen – er spricht in *Hope Street* von einer »Ohnmacht, wie ich sie bis dahin nie gespürt hatte«. Sie haben lange gebraucht, um sich wieder aufzuraffen und weiterzuspielen. Mitleid wollten sie trotz des Traumas nie, schließlich lebten sie noch. Zur Familie des gestorbenen Mädchens haben sie bis heute Kontakt. Und selbstverständlich wurden die Sicherheitsmaßnahmen verstärkt, heute wird beispielsweise auf Wellenbrecher stärker geachtet. Aber allen ist auch bewusst, dass es hundertprozentige Sicherheit im Leben nie gibt. Nach den damaligen Standards gab es keine Versäumnisse von Veranstalterseite, und auch Die Toten Hosen waren nicht schuld an der Katastrophe im Rheinstadion, aber schuldig fühlten sie sich dennoch. Dass eines ihrer Konzerte, einer dieser Abende, die sie immer als Feiern des Lebens gesehen hatten, ein Leben gekostet hatte: der traurigste, bitterste Moment ihrer gesamten Karriere.

Und dann ging es trotzdem weiter. Natürlich ging es weiter. Erst zaghaft und mit dem maximalen Abstand: mit der (für ihre Verhältnisse) kleinen »Warped«-Tournee in Neuseeland, Australien und Asien, dann mit dem üblichen Programm. Jede Tour war größer als die vorige, doch zwischendurch blieb auch noch Zeit für Quatsch. Im Jahr 2000 dachten sie sich mal wieder etwas Besonderes aus: Zur »4 Tage / 4 Länder Tour« wurden mehrere Busse gemietet, an die 200 Leute sollten dabei sein. Mit Crew, Fans, Freund:innen und Journalist:innen ging es Anfang März in München los. Im Informationsschreiben wurden vorsichtshalber gleich »5 anstrengende Tage« angekündigt. Die Hosen spielten dann in Kleinweilershofen (Deutschland), Ischgl (Österreich), Vals (Italien) und Davos (Schweiz). Und sie hatten nicht übertrieben: Es war so anstrengend, dass ich das vierte Konzert gar nicht mehr schaffte. Und dabei musste ich nicht mal ein Instrument spielen, und Skifahren war ich auch nicht. Aber allein die endlosen Busfahrten gaben einem ein Gefühl dafür, wie mühsam so eine Tournee sein kann.

Allerdings waren die Auftrittsorte hier auch etwas gewöhnungsbedürftiger als die üblichen Arenen und Stadien: Beim Sonneck in Kleinweilershofen musste der Roadie ein paar Fenster einschlagen, damit überhaupt genügend Luft reinkam, und zum ersten Mal war der Sound zu leise. Bei den Toten Hosen! Das »Madlein Wunderbar« in Ischgl war noch krasser – eine grässliche Klein-Disco, in der sonst wohl nur Jürgen Drews und DJ Ötzi gespielt wurden. Die Kellner beäugten das Publikum argwöhnisch, den damaligen VIVA-Moderator Tobi Schlegl hätten sie fast rausgeworfen, weil er eine Rose stibitzen wollte – dabei gab es dort Dutzende solcher Stoffblumen, die Podeste zierten, auf denen sonst Go-Gos tanzten. Nein, es war wirklich kein Hosen-Ambiente.

In Vals ging es auf 2100 Meter hoch, doch die Band hatte noch genügend Luft zum Spielen – und am Tag darauf in Davos Lust zum Feiern bis um 6 Uhr morgens. Mir war wirklich unklar, wie sie das schafften. Sport, Spielen, Trinken – und alles so intensiv, dass lediglich eine dieser Betätigungen bereits ausgereicht hätte, um einen für Tage plattzumachen. Ein interessanter Betriebsausflug auf jeden Fall.

Das Kontrastprogramm zu der lustigen kleinen Busreise war der 11. Juni 2000, ein weiteres Rock-am-Ring-Spektakel – bei dem sich Campino einen Kreuzbandriss zuzog. Er spielte das Konzert trotzdem zu Ende, danach mussten 70 Termine abgesagt werden. Man hätte sich nicht gewundert, wenn sie auch diese 70 Konzerte noch gegeben hätten – die Wucht, mit der sich die Hosen in jedes Konzert werfen, ist immer wieder verblüffend. Sie wollen nichts Halbgares abliefern, und das erfordert viel Disziplin. Neben dem Spaß ist da immer dieses Verantwortungsbewusstsein: Wenn die Leute schon extra zu uns kommen, dann wollen wir ihnen auch das Beste bieten. Eins gibt's allerdings heutzutage nicht mehr: Campinos legendäres Kulissenklettern. Früher wurde einem oft angst und bange, wenn er nach oben zu den Scheinwerfern kletterte, in mehreren Metern Höhe unbeirrt weitersang und jeden Moment runterzufallen drohte. Nicht lange nach der Geburt seines Sohnes stellte er das gefährliche Vergnügen ein: »Ab einem gewissen Alter macht man sich zum Affen. Wenn man mit 30 in einer Fernsehsendung besoffen rumtorkelt, geht das vielleicht gerade noch, mit 60 ist es peinlich. Mit dem Klettern war es ähnlich: Wenn alle dieses Ritual erwarten, ist es keine Sensation mehr.«

So zogen die Hosen also weiter, stellten bei der »Machmalauter«-Tour 2008/2009 neue Rekorde auf und dachten vielleicht schon, mehr geht nicht. Aber klar, dass dann zum 30-jährigen Jubiläum und mit dem Über-Hit »Tage wie diese« die längste und größte Tournee namens »Der Krach der Republik« anstand: Ab November 2012 spielten sie bis zum Finale im Oktober 2013 (natürlich in Düsseldorf) 62 Konzerte in 41 Städten. Mehr als eine Million Zuschauer waren dabei, Festivals, kleinere Aufwärmkonzerte und fünf Argentinien-Gigs kamen noch hinzu. Im Fotobuch zum Konzertvideo zählen sie 88 752 backstage getrunkene Flaschen Bier auf – allerdings muss man wissen, dass die Hosen schon immer sehr gute Gastgeber waren, die nach ihren Konzerten jede Menge Freunde und Bekannte verpflegen. Ihre Aftershowpartys sind legendär. 30 Packungen Aspirin, Voltaren und Ibuprofen wurden auch verbraucht.

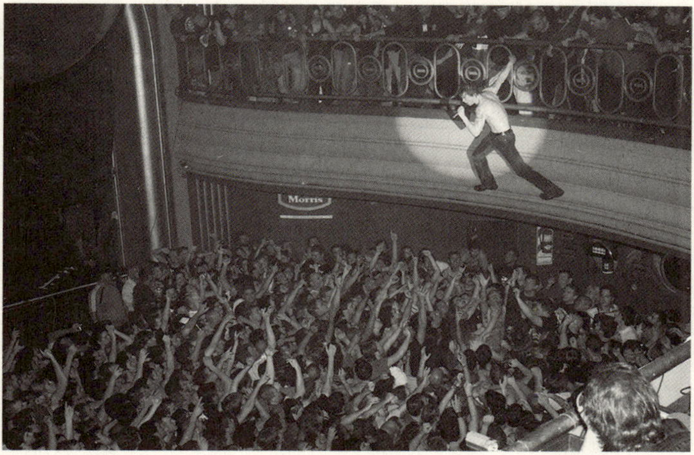

Campino in Buenos Aires, 2009: Auf waghalsiges Klettern verzichtet er heutzutage lieber

Wenn die Hosen auf Reisen gehen, dann ist das ähnlich wie im JKP-Büro: Sie haben schon sehr lange denselben Tross dabei. Kiki Ressler, Chef von KKT (Kikis Kleiner Tourneeservice) in Berlin, fährt seit 1984 bei jeder Hosen-Tour mit. Viele Jahre war Manfred Meyer der Security-Chef, ein Mitglied der Rockergang Black Devils und ein Fels in jeder Brandung. Er starb am 6. Januar 2009 an Krebs. Ob Merchandise, Catering, Stagehands: Auch hier sind die Hosen loyal, ihre Teams bleiben bestehen.

Manchmal ist allerdings auch diese Band machtlos – die Corona-Pandemie traf sie 2020 wie alle anderen. Sie mussten ihre sehr lange und akribisch geplante Orchester-Tournee absagen. Ein Abenteuer, auf das sie sich sehr gefreut hatten. Im Juli 2019 waren sie in der Düsseldorfer Tonhalle mit elf klassischen Musikern aufgetreten (*Alles ohne Strom*). Es war nur eben auch kein klassisches Rockkonzert. Beim Interview im Oktober 2019 freute sich Campino noch sehr darauf:

> »Es soll eine Art Klassenausflug werden, nach dem Motto je mehr, je lustiger. Wir hatten ja nie das Bedürfnis, Soloprojekte zu starten oder was ganz anderes außerhalb des Bandrahmens zu machen, aber wir alle finden es spannend, jetzt mit anderen Musikern im Austausch zu stehen, ohne unser Gefüge ganz zu verlassen. Man könnte fast sagen, dass wir es nur aufpumpen, und danach specken wir wieder ab. Das ist auch Erholung für den Kopf, ein Urlaub von der normalen Konstellation. Unsere Form des Seitensprungs.«

Jetzt mussten sie sich also doch wieder ganz treu bleiben, die kleine Band als Blase inmitten des Chaos. Sie probten ein bisschen, schrieben neue Songs, warteten ab. Im Juni 2021 kündigten sie ihre Jubiläumstournee an: »Alles aus Liebe – 40 Jahre Die Toten Hosen«. Ein Dutzend Konzerte von Juni bis September 2022. Schon Monate vorher hatte sich Campino Gedanken gemacht, wie die Rückkehr zur Live-Musik überhaupt aussehen könnte:

> »Selbst wenn es dazu kommt, dass 2022 alles wieder wie gewohnt stattfinden kann: Wer hätte denn nach diesen zwei schweren Jahren das Geld, um zu jeder Veranstaltung zu gehen? Das Laufpublikum wird wahrscheinlich erst mal nicht kommen, sondern eher die harten Supporter. Aber wenn dann in einem Monat Feine Sahne, Broilers und die Toten Hosen spielen – wer fällt da durch den Rost? Und wie soll

das logistisch laufen? Viele der Techniker und andere hoch qualifizierte Leute fahren zum Beispiel bei den Ärzten mit, dann vielleicht bei den Beatsteaks und danach bei den Toten Hosen. Die können sich ja nicht vierteilen, wenn alle gleichzeitig unterwegs sind.«

Inzwischen wissen wir, dass der Sänger sich nicht allzu sehr hätte sorgen müssen, jedenfalls nicht um die Fans. Das Interesse ist ungebrochen – genau wie der Wunsch der Hosen, immer wieder Neues zu entdecken. Das war schon so, als sie in den 80er Jahren in Ostberlin und Polen unterwegs waren, wo sie wirklich im Untergrund spielten und die Polizei foppten. Später traten sie in Myanmar und Tadschikistan auf, und 2018 spielten sie erstmals in China. Es gab ein offizielles Konzert, für das die Songtexte vorher gecheckt wurden, aber sie fanden noch einen kleinen Punkclub in Peking, wo sie spontan auf die Bühne sprangen.

Und dann ist da noch Südamerika. Auch nicht selbstverständlich. In keiner anderen Region außerhalb Deutschlands sind Die Toten Hosen so beliebt wie dort, erlauben wir uns also einen kleinen Exkurs. Wie kann das sein, wie kam es dazu?

Es ging 1991 mit dem Album *Learning English Lesson 1* los. Die Hosen wollten ein Lied mit Ronald Biggs singen, dem berühmten Posträuber, der sich 1963 viele Millionen ergaunerte, aus dem Gefängnis ausbrach und dann nach Brasilien verschwand. Er hatte schon 1978 mit den Sex Pistols den Song »No One Is Innocent« aufgenommen, sozusagen als Ersatzsänger für John Lydon alias Johnny Rotten, der die Band einige Monate zuvor verlassen hatte. In *Bis zum bitteren Ende* erzählt Breiti, sie hätten ihn damals in Rio de Janeiro gesucht »wie James Bond für Arme« – bis sie schließlich im Telefonbuch seine

Nummer fanden. Im August 1991 trafen sie sich in einem Hotel in Rio, Biggs war damals 62 Jahre alt und schon in Geldnot. Da kam ihm der Deal mit den Hosen gerade recht, er freundete sich schließlich mit der Band an, vor allem mit Breiti. Bei seinen Partys gab es immer viele Räubergeschichten und noch mehr Cocktails. Breiti besuchte ihn auch später noch, im Gefängnis HMP Belmarsh. Als Biggs schwer krank geworden war, hatte er aufgegeben und sich nach England ausliefern lassen. Er starb 2013.

Damals, 1991, nahmen sie also zusammen »Carnival in Rio (Punk Was)« auf. Ein Jahr später, im September 1992, kehrten sie nach Südamerika zurück und spielten ihr erstes Konzert in Buenos Aires / Argentinien, im Halley-Club vor immerhin 3000 Leuten. Noch auf dem Hinflug glaubten sie nicht wirklich, dass tatsächlich Leute zu ihrem Gig kommen würden. Ein Fan, der vor Jahren aus Baden-Württemberg nach Argentinien ausgewandert war, hatte ihnen geschrieben und mitgeteilt, es gäbe hier ein Publikum für sie. So ganz geheuer war ihnen das nicht, aber die Abenteuerlust hat noch jedes Mal über den Zweifel gesiegt.

Danach war Brasilien dran. Im Circo Voador in Rio holten sie vor 500 Leuten Ronnie Biggs auf die Bühne, sie gaben gemeinsam »Police On My Back« von The Clash und »Carnival in Rio«. In Sao Paulo war es dann nicht so gemütlich, wegen etlicher Skinheads im Publikum. Doch insgesamt feierte die südamerikanische Punk-Gemeinde diese seltsame Band aus Deutschland, deren Texte sie zwar größtenteils wohl nicht verstand, aber doch mitgrölen konnte. 1994 fuhren die Hosen wieder hin, und 1996 durften sie im River-Plate-Stadion in Buenos Aires bei der Abschiedstournee die Ramones vor 60 000 Menschen supporten.

Campino machte 1996 auch einen individuellen Abenteuerurlaub dort: Mit einigen Indios überquerte er per Pferd die Anden von Chile nach Argentinien. Eine extreme Erfahrung:

»Als Gringo kannst du das Wasser aus den Bächen nicht trinken. Du kannst dir also aussuchen: Verdurste ich, oder verdurste ich nicht und habe dafür Dünnpfiff? Ich habe mich für Letzteres entschieden. Und dann die Höhenprobleme: Weil das Klima so trocken ist, kannst du ab 4000 Metern schon Brechreiz und Paranoia-Zustände kriegen.«

Der Mann kann einem wirklich alles schmackhaft machen, er sollte im Reisebüro anfangen! Wenn man Breiti über seine Reisen reden hört, klingt es etwas entspannter, aber er würde seine Beschwerden wahrscheinlich ohnehin für sich behalten – wie alles andere Private auch.

1997 waren Die Toten Hosen schon wieder in Argentinien vor Ort, zum Aufwärmen vorm 1000. Konzert, und danach sind sie alle paar Jahre wiedergekommen, auch in wirtschaftlich schlimmen Zeiten, bei denen sie nur ein paar Euro Eintritt pro Konzert nehmen konnten. Und 2009 brachten sie dieser besonderen Verbindung zu Ehren das Album *La Hermandad* (›Die Bruderschaft‹) heraus – Campino flog dafür nach Buenos Aires, um mit zwei Dutzend Fans ein paar Chor-Passagen aufzunehmen. Die Liebe ist gegenseitig, das macht sie aus. Es gibt sogar eine argentinische Coverband namens Opelgang.

Auch in Kuba durften Die Toten Hosen als eine von wenigen westlichen Bands einmal auftreten, im Mai 2001. Genaugenommen waren sie sogar die ersten, bei denen es einen freien Ticketverkauf gab. Zwar hatten die Manic Street Preachers zuvor schon dort gespielt, die Karten gingen allerdings nur an

Parteimitglieder und Fidel-Castro-Getreue. Das Hosen-Konzert in Havanna vor etwa 1000 Zuschauern war leider schlecht organisiert und wurde nach kaum einer Stunde abgebrochen (von den Behörden, nicht von der Band). Ein bisschen Chaos gehört dazu.

Dass Die Toten Hosen noch einmal in Südamerika spielen werden, vor allem natürlich in Argentinien, steht für Campino außer Frage. Im Herbst 2021 sagte er:

> »Wir können uns nicht auflösen, ohne da vernünftig auf Wiedersehen gesagt zu haben. Das würden die mit Recht für unanständig halten. Aber ich kann mir schon vorstellen, dass unsere nächste Tour da die letzte oder vorletzte sein wird.«.

Er wünscht sich, dass dort ein kraftvoller Eindruck von den Hosen bleibt, und er selbst möchte seine Erlebnisse ebenso im Herzen bewahren, ohne sie zu verwässern. Die Welt verändert sich, das soll sie auch – aber manches darf zumindest in der Erinnerung gern so schön bleiben, wie es war.

»Nichts bleibt für die Ewigkeit«: Gegenwart und Zukunft

Als Die Toten Hosen in den späten 90er Jahren ein Familiengrab auf dem Düsseldorfer Südfriedhof pachteten, schien das Ende noch weit entfernt zu sein. Es wirkte eher wie eine nette Geste: Wir bleiben bis in alle Ewigkeit zusammen, egal ob noch weitere Familien gegründet werden oder sich die Umstände auf andere Weise ändern. Wir springen gemeinsam in die Kiste! 2008 war ich einmal mit Breiti dort, er musste damals erst nach der Lage fragen. »Ich muss ja nicht wissen, wo das genau ist. Wenn es so weit ist, werde ich schon an die richtige Stelle gekarrt.« Campino erklärt dazu später, dass Breiti eigentlich den Nordfriedhof bevorzugt hätte, weil der weiter weg von Köln ist. Für den Sänger ist der Platz ebenfalls noch kein größeres Thema, obwohl heute schon drei Menschen dort liegen, die er hin und wieder besucht: Roadie Uwe Faust, der im Oktober 2009 starb, Manager Jochen Hülder und Schlagzeuger Wölli Rohde. Campino ist nur wichtig, dass später auch ein bisschen seiner Asche nach England kommt. Alles Weitere wird sich finden.

Wenden wir uns lieber wieder dem Leben zu. »Mir wird immer klarer«, sagte Campino schon vor 20 Jahren,

»dass es nicht selbstverständlich ist, dass wir so lange zusammen und immer noch echte Freunde sind. Das ist etwas ganz Besonderes, das ich nie leichtfertig aufs Spiel setzen würde. Aber Musikmachen und diese Freunde – das sind verschiedene Dinge. Auch wenn es die Band nicht mehr gibt, werde ich immer noch mit den Jungs zu tun haben.«

Keines von den vier Gründungsmitgliedern hat Interesse, jemals ein Soloprojekt zu machen oder mit anderen Leuten dauerhaft zusammenzuarbeiten. (Vom hat nebenbei mehreres am Laufen und auch ein eigenes Label, aber er ist ja auch *the odd one out*, bei dem immer alles ein bisschen anders ist.)

2022 feiern Die Toten Hosen ihr 40-jähriges Bestehen. 40 Jahre: Für vier kleine Punks aus Düsseldorf wurde aus »no future« ein ziemlich weiter Weg. Und wo geht es nun noch hin? Im Herbst 2021 treffe ich Campino, um über den aktuellen Stand zu sprechen. Wir sitzen an seinem Küchentisch in Berlin, seinem zweiten kleinen Zuhause neben Düsseldorf. Er hat gerade eine lange Lesereise zu *Hope Street* überstanden und ist froh, dass seine Stimme gehalten hat – im Freien, manchmal auch im strömenden Regen vorzulesen war eine neue Erfahrung für ihn. Konzerte sind eben doch etwas anderes, auch wenn er Kuddel zur Verstärkung dabei hatte und etliche Lieder gesungen wurden. Allein das Sitzen auf der Bühne! Campino bewegt sich gern, und doch – keine Selbstverständlichkeit – fällt es ihm gar nicht schwer, sich richtig aufs Gespräch zu konzentrieren. Er lässt sich von Handygebimmel und lärmenden Teenagern kaum ablenken. Allerdings kann er noch nicht sehr viel zu den weiteren Plänen der Toten Hosen sagen, entschuldigt er sich. Ob es 2022 ein neues Album geben wird?

»Ich weiß es nicht. Wir beschäftigen uns mit Musik und sind oft im Proberaum, aber wir versuchen gerade noch rauszukriegen, ob der Moment dafür richtig ist. Wir wollen auf jeden Fall noch mal ein Album machen – aber ob das 2022 rauskommt oder in zwei, drei Jahren, das ist offen.«

Sie arbeiten schon fleißig an neuen Songs, Vincent Sorg ist als Produzent gesetzt – in seinem Studio fühlt sich die Band wohl. Diese Parameter werden also wohl bleiben, ansonsten sind sie offen für alles. Campino vertraut längst darauf, dass er schon in die richtigen Leute stolpern wird, wenn er sie braucht – »aber ich suche jetzt nicht krampfhaft nach neuen Mitarbeitern«, sagt er lachend. »Wir müssen erst mal selbst erfühlen, was wir noch sagen wollen. Was wir noch zu sagen haben.« Und das passiert wie immer im engsten Kreis. Auch während der Pandemie trafen sich die Hosen weiterhin zu ihren »blauen Stunden«, natürlich sind auch sie mittlerweile mit Videokonferenzen vertraut, wollen allerdings gerade jetzt den Kontakt wieder intensivieren, um die Weichen für die Zukunft zu stellen.

Auch wenn Campino sagt, sie hätten im Laufe der Jahrzehnte immer eher intuitive Entscheidungen getroffen (»Wir haben eigentlich nie irgendwas ganz genau überlegt!«), so scheinen sie doch immer einen Riecher für die richtigen Leute gehabt zu haben, sie haben in geschäftlicher und musikalischer Hinsicht wenig zu bereuen. Traurige Erinnerungen hat der Sänger eher außerhalb der »Hosen-Maschine«: Dass manche tolle Kollegen auf der Strecke geblieben sind, bedauert er natürlich – so zum Beispiel die »Jungs« von Stunde X, die irgendwann die Musik an den Nagel hängten. Mit Bodo und Panni wäre er gern weiter auf Tour gegangen. Wenn Campino über die Vergangenheit spricht, fallen unglaublich viele (und ganz schön schräge) Namen, weil die Band immer den Kontakt zu möglichst vielen Leuten gesucht hat – während sie gleichzeitig ihr Umfeld treu zusammenhielt. So ließen sich auch die Tourneen gut überstehen. Campino erzählt von dem Unterschied zum Theater oder Film: Wenn dort ein Projekt zu Ende geht, an dem man monatelang intensiv miteinander gearbeitet hat, sieht man sich danach vielleicht nie wieder. Beim letzten Konzert einer Hosen-Tour ist dagegen klar: Die kommen demnächst schon wieder zusammen, die Besetzung ist ja sehr stabil. Ein beruhigender Gedanke.

Jenseits der Band hat Campino nichts Konkretes vor, sein Leben ist voll genug. Wenn etwas Passendes daherkäme, würde er das nicht ausschlagen, aber er ist nicht auf der Suche – auch wenn seine Ausflüge in andere Fächer dem Hauptprojekt ja immer auch geholfen haben.

> »Im Grunde finde ich schon, dass man bei dem bleiben sollte, was man am besten kann, und da muss ich für mich feststellen, dass das schon Die Toten Hosen sind.«

Und die blicken jetzt vor allem auf ihre nächste Tournee – mit ein bisschen Nervenflattern. Um ihre eigene Gesundheit machen sie sich weniger Sorgen, sie werden schon genügend Kondition mitbringen. Nur weiß niemand so genau, wie die Corona-Lage dann sein wird. »Wir wollen das im Sommer 2022 umsetzen«, sagt Campino bestimmt.

> »Wenn uns erlaubt wird rauszugehen, werde ich schon fit sein, das ist das kleinere Problem. Klar ist so eine Tour mit dem Gedanken verbunden: Wann ziehst du dein Tempo an, wann legst du richtig los mit dem Training? Aber das ist ja schon immer so.«

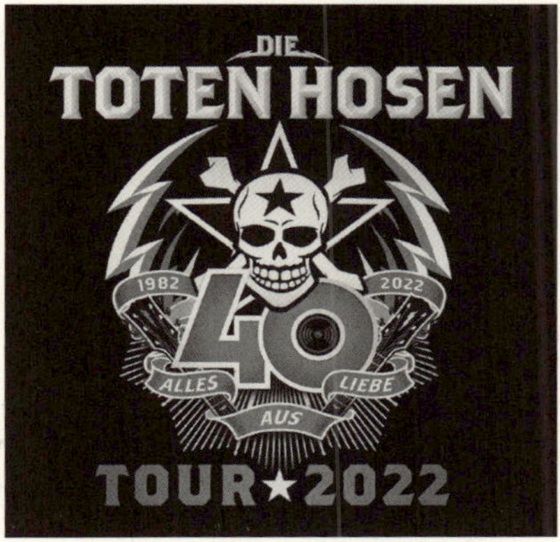

2022 feiern Die Toten Hosen ihr 40-jähriges Jubiläum – natürlich auf der Bühne

Sie werden dann die Party liefern, die sich alle erhoffen – mit ein paar neuen Stücken, aber natürlich auch mit so vielen Hits, wie an einem Abend möglich sind. Viel weiter will Campino nicht denken und planen. Die Hosen sind ihren Weg schon immer Stück für Stück gegangen, und Konjunktive mag der Sänger nicht so gern. Was wäre, wenn sie irgendwann merken, dass die Kraft nachlässt? Er zuckt mit den Schultern:

> »Wir sind alle nicht großmäulig mit der Zukunft. Niemand von uns sagt, dass das noch ewig geht. Und ich fände es schon ganz gut, wenn wir bei unserem Abgang dann noch ein Wörtchen mitsprechen könnten.«

Also lieber freiwillig abtreten als gezwungenermaßen aus gesundheitlichen Gründen. Wobei man die kraftspendende Wirkung der Musik nicht unterschätzen darf: Anstehende Konzerte sind ja auch ein Motivationsfaktor, durch den Müdigkeitserscheinungen überwunden werden. Die Band hält einen am Laufen. Also was wäre, wenn man nicht mehr so fit bleiben müsste? Rostet man dann vielleicht ganz schnell ein? Aber das sind schon wieder Konjunktive. Noch sind die Hosen nicht so weit.

Auf die Frage, was ihn am meisten freut, wenn er auf die vergangenen 40 Jahre DTH blickt, antwortet Campino sofort:

> »Dass wir noch da sind! Und gesund – jedenfalls die, die jetzt auf der Bühne stehen. Natürlich gab es schon Einschläge, aber andererseits war zum Beispiel Wölli am Ende sehr, sehr dankbar für sein Leben. Bei Bollock war das etwas anders, der kam sehr früh hart unter die Ränder, aber auch Faust hätte ja nicht anders leben wollen. Und wie viel wir gelacht haben! Der größte Erfolg der Toten Hosen sind diese vielen Begegnungen mit Menschen, die wir sonst nie getroffen hätten. Wir haben als Freunde Dinge erlebt, die sonst keiner erlebt – einfach weil wir uns gefunden haben. Das ist für mich das Beste an den Toten Hosen.«

Mit dem Älterwerden werden die Möglichkeiten natürlich weniger, und Campino fragt sich manchmal, ob er mit 60 »noch Feuer für die Kids legen« kann. Dabei gehört er zu den gar nicht so vielen Menschen, denen wohl niemals die Leidenschaft ausgehen wird. Das ist vielleicht das Sympathischste an den Toten Hosen: Ihnen macht Musik wirklich, wirklich Spaß, immer noch und immer wieder. Man muss nur hören, wie Campino vom Rebellion-Festival schwärmt, das im August 2022 in Blackpool stattfinden wird. Er zählt alle Bands auf – von Cock Sparrer über Stiff Little Fingers bis Bad Religion –, die er dort sehen will. Konkurrenzdenken ist da längst passé,

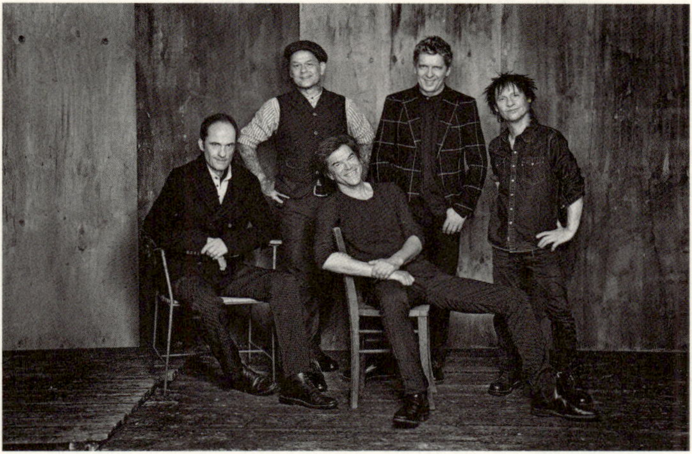

Die Klamotten sind geschmackvoller, die Leidenschaft ist die gleiche wie eh und je: Die Toten Hosen heute

es ist »eher wie Klassentreffen 50 Jahre nachm Abi« – 3000 Leute mit ähnlichem Background, die sich verstehen und alles mitbrüllen können. Dann will er mir unbedingt noch drei neue Stranglers-Videos auf dem iPad zeigen, um zu beweisen, wie gut die immer noch sind. Genau das ist es: diese Begeisterung, die auch jung hält. Und die dafür sorgt, dass Campino keine Angst vor einer langweiligen Zukunft hat: »Wir sind zuversichtlich, dass wir noch einige tolle Abenteuer erleben werden. Das passiert einfach, da planen wir nichts.« Diese Strategie hat schließlich 40 Jahre lang ausgezeichnet funktioniert. Bis zum bitteren Ende? Sehr wahrscheinlich wird auch der Abschied der Toten Hosen eher ein Fest werden. Aber bitte nicht zu bald!

40 Jahre Die Toten Hosen

10. 4. 1982	Erstes Konzert
30. 6. 1984	Skandal-Auftritt in der *John Peel Show*
27. 7. 1986	Anti-WAAhsinns-Festival in Burglengenfeld
1988	Soundtrack für das Theaterstück *A Clockwork Orange* (»Hier kommt Alex«)
1992	Erstes Südamerika-Konzert in Buenos Aires
1995	Gründung von JKP
1996	Erste Nr.-1-Single (»Zehn kleine Jägermeister«)
28. 6. 1997	Katastrophe beim 1000. Konzert
1999	Vom ersetzt Wölli am Schlagzeug
2002	Nacktfotos für PETA
2004	MTV-Sendung *Friss oder stirb*
2005	»Unplugged« im Wiener Burgtheater
2006	*Dreigroschenoper* mit Campino
2012	Mega-Hit »Tage wie diese«
2013	Konzertreihe »Entartete Musik«
2018	Erstes China-Konzert in Peking
2019	Erstmals Konzerte mit großem Orchester (»Mit Pauken und Trompeten«)
2022	Jubiläumstour »Alles aus Liebe – 40 Jahre Die Toten Hosen«

Lektüretipps

Job, Bertram: Bis zum bitteren Ende … Die Toten Hosen erzählen ihre Geschichte. Köln 1996.

Toten Hosen, Die: Ewig währt am längsten: Die Toten Hosen in Farbe und Schwarz-Weiß. Düsseldorf 2002.

– Machmalauter Live – Die volle Dröhnung. Fotobuch und CD/DVDs. Düsseldorf 2009.

– Live: Der Krach der Republik – Das Tourfinale. Fotobuch und CD/DVDs. Düsseldorf 2014.

Oehmke, Philipp: Die Toten Hosen – Am Anfang war der Lärm. Reinbek b. Hamburg 2014.

ar/gee gleim: ZK – Die Toten Hosen: Die frühen Jahre 1980 – 1983. Erkrath 2017.

Uhlmann, Thees: Die Toten Hosen. Köln 2019.

Campino: Hope Street: Wie ich einmal englischer Meister wurde. München 2020.

Alle Zitate, die nicht anders gekennzeichnet sind, stammen aus eigenen Interviews, vor allem für den *Rolling Stone,* insbesondere aus den folgenden Ausgaben:

Rolling Stone 2 (2002): »Im Headquarter der Toten Hosen«.

Rolling Stone 12 (2008): »Die Toten Hosen – Zwischen Fußball und Friedhof – ein Wochenende in Düsseldorf«.

Rolling Stone 4 (2012): »Campino backstage: Zu Hause bei den Toten Hosen«.
Rolling Stone-Jubiläumsausgabe 11 (2014): »Campino«.
Rolling Stone 5 (2017): »Die Toten Hosen kapern die Redaktion«.